科技信息资源管理与实践

杨明芬 高杨 著

哈尔滨出版社

图书在版编目（CIP）数据

科技信息资源管理与实践 / 杨明芬, 高杨著. -- 哈尔滨 : 哈尔滨出版社, 2025.1
　　ISBN 978-7-5484-7895-9

Ⅰ.①科… Ⅱ.①杨… ②高… Ⅲ.①科技情报 – 信息管理 Ⅳ.①G252

中国国家版本馆CIP数据核字(2024)第091151号

书　　名：	科技信息资源管理与实践
	KEJI XINXI ZIYUAN GUANLI YU SHIJIAN

作　　者：	杨明芬　高　杨　著
责任编辑：	韩金华
封面设计：	蓝博设计

出版发行：	哈尔滨出版社（Harbin Publishing House）
社　　址：	哈尔滨市香坊区泰山路82-9号　　邮编：150090
经　　销：	全国新华书店
印　　刷：	永清县晔盛亚胶印有限公司
网　　址：	www.hrbcbs.com
E-mail：	hrbcbs@yeah.net
编辑版权热线：	（0451）87900271　87900272
销售热线：	（0451）87900201　87900203

开　　本：	787mm×1092mm　1/16　印张：10　字数：220千字
版　　次：	2025年1月第1版
印　　次：	2025年1月第1次印刷
书　　号：	ISBN 978-7-5484-7895-9
定　　价：	68.00元

凡购本社图书发现印装错误，请与本社印制部联系调换。
服务热线：（0451）87900279

前言
Preface

科技信息资源的迅速发展和广泛应用已经深刻地改变了我们生活和工作的方式。在这个数字化时代，科技信息资源成为不可或缺的资产，对其合理管理对于推动创新、提高效率、增强竞争力具有重要意义。本书旨在深入研究和全面探讨科技信息资源，为读者提供系统的理论框架和实践经验，帮助读者更好地理解、应用和管理科技信息资源。

首先，本书在导论部分明确了科技信息资源的定义与重要性，探讨了其价值与影响及在科技信息资源管理方面的目标、面临的挑战。增强了读者对科技信息资源管理复杂性的认识，为后续章节的深入讨论奠定了基础。

科技信息资源管理的基础理论部分聚焦于科技信息资源的分类与特点、生命周期管理和价值评估。通过对这些基本概念的剖析，读者将更好地理解不同类型科技信息资源的特征，以及如何科学地评估其价值。

科技信息资源管理的规划、设计、采集、整合、保护、安全、开发与利用等方面都在本书中得到了详细论述。每一章节都结合实际案例，帮助读者更好地理解理论知识如何在实际场景中应用。

通过企业、政府和社会化案例的展示，本书旨在为读者呈现科技信息资源管理的实践经验。这些案例不仅提供了成功的范例，也揭示了科技信息资源管理面临的挑战，提供了应对实际问题的策略，使读者能够在实际工作中更具洞察力和应变能力。

最后，本书在结论与展望部分对全书进行总结，并预测了科技信息资源管理的未来发展趋势。随着技术的不断进步和社会的不断发展，科技信息资源管理也将面临新的机遇和挑战。通过深刻理解本书提出的理论和实践观点，读者将更好地适应未来社会的发展。

目 录
Contents

第一章 导论 ... 1
 第一节 科技信息资源的定义与重要性 ... 1
 第二节 科技信息资源的价值与影响 ... 6
 第三节 科技信息资源管理的目标与挑战 ... 11

第二章 科技信息资源管理的基础理论 ... 18
 第一节 科技信息资源的分类与特点 ... 18
 第二节 科技信息资源的生命周期管理 ... 24
 第三节 科技信息资源的价值评估 ... 30

第三章 科技信息资源的规划与设计 ... 38
 第一节 科技信息资源的规划原则与方法 ... 38
 第二节 科技信息资源的结构设计 ... 43
 第三节 科技信息资源的开发与利用 ... 51

第四章 科技信息资源的采集与整合 ... 56
 第一节 科技信息资源的采集方法与技术 ... 56
 第二节 科技信息资源的整合策略与实施 ... 67
 第三节 科技信息资源的共享与交换 ... 72

第五章 科技信息资源的保护与安全 ... 76
 第一节 科技信息资源的保护策略与措施 ... 76
 第二节 科技信息资源的保密与完整性 ... 91

第六章　科技信息资源的开发、分析与应用 …… 99
第一节　科技信息资源的开发方法与工具 …… 99
第二节　科技信息资源的挖掘与分析技术 …… 106
第三节　科技信息资源的决策支持与应用 …… 115

第七章　科技信息资源管理的实践案例 …… 124
第一节　企业科技信息资源管理案例 …… 124
第二节　政府科技信息资源管理案例 …… 131
第三节　社会化科技信息资源管理案例 …… 137

第八章　结论与展望 …… 147
第一节　科技信息资源管理的总结与评价 …… 147
第二节　科技信息资源管理的未来发展趋势 …… 150

参考文献 …… 153

第一章 导论

第一节 科技信息资源的定义与重要性

一、科技信息资源的概念界定

(一) 概念的广义与狭义理解

科技信息资源在广义上是指涵盖科学技术领域的各类信息,包括研究成果、技术文献、专利信息等。在狭义上,它可以被定义为组织内外涉及科技活动的信息资产,如实验数据、技术文档和研究报告等。

1. 广义概念

在科技信息管理领域,广义上定义的科技信息资源具有丰富多样的内涵,涵盖了科技活动的整个发展过程,从基础研究到应用开发全过程的信息均包含其中,构成了科技领域知识的综合体。这一概念广泛地涵盖了各类信息形式,其中科技文献成为其中的主要组成部分。科技文献记录了研究者在科学研究和技术领域的创新成果,包括学术论文、研究报告、学术会议记录等,为学术交流和知识传播提供了丰富的资料。

在科技信息资源的广义概念中,实验数据是另一个至关重要的组成部分。实验数据承载着科学实验和技术研究的原始信息,是对科技活动的客观记录。这些数据不仅是验证科学假设的依据,也是未来研究和创新的基础。

科技信息资源的广义定义还包括专利信息,反映了科技活动在技术创新和知识产权方面的成果。专利信息的收集与管理对于评估科技创新、保护知识产权具有重要意义。

技术标准是科技信息资源广义概念的又一要素。在科技领域,各类技术标准规范着产品和服务的质量、性能及相互兼容性,对于推动技术进步和促进产业发展发挥着不可替代的作用。

因此,广义上的科技信息资源不仅包括了科技文献和实验数据等学术性的信息,也涵盖了与技术创新直接相关的专利信息和技术标准。

2. 狭义概念

在科技信息管理的狭义概念中,科技信息资源被界定为组织内外对科技活动的支持和反馈的信息资产。在这一狭义定义下,科技信息资源更加专注于与组织内外部的科技活动直接相关的信息，具有更强的实践性和应用性。组织内部的研发文档成为这一概念的核心组成部分，这些文档记录了组织内部的研究和开发过程，包括实验方案、实验结果、研究报告等。这些内部文档承载了组织创新活动的实质，是科技信息资源狭义概念中的重要元素。

狭义的科技信息资源还包括组织内部的项目数据。这些数据涵盖了项目的进展、成果、经验教训等，为组织内的决策提供了直接的依据。项目数据的系统收集和管理对于组织的科技活动具有重要的指导和推动作用。技术报告作为科技信息资源的一部分，为组织内的技术研究提供了翔实的文献资料，记录了技术问题的解决方案、技术选型的依据等，对于技术团队的学习和经验积累具有不可替代的作用。

在狭义概念中，科技信息资源的外部信息包括行业动态和市场需求。对于组织而言，了解行业的最新动向和市场的需求是制定科技战略和开展研发活动的重要参考。这些外部信息的获取、整理和分析，有助于组织更好地调整研发方向，提高科技成果的市场适应性。

（二）科技信息资源的特征与属性

科技信息资源具有多层次、多维度、高度动态的特征和属性，理解这些特性对于有效管理至关重要。

1. 多层次性

科技信息资源的多层次性是指其信息密度相对较高，覆盖了科技活动的不同层次，从基础研究到应用开发等多个层面，形成了一个层次丰富而庞大的信息体系。这一特征要求管理者在管理科技信息资源时，必须根据不同层次的信息特点采取差异化的管理策略，以确保信息的高效利用和组织的科技活动的顺利进行。

在基础研究层次，科技信息资源主要涵盖了学术期刊、科研论文、学术会议记录等高度专业化的文献资料。这些信息对于推动学科发展、促进前沿科研起到了关键的作用。因此，在基础研究层次，管理策略应侧重于建立健全的学术文献数据库，强调学科知识的组织、分类和检索，以满足研究人员对于学术信息的深度需求。

随着研究的深入，科技信息资源逐渐涉及应用开发的层面。这包括技术报告、实验数据、项目文档等，这些信息更加强调实用性和可操作性。在应用开发的层次，管理策略应注重信息的可持续性和可操作性，建立实验数据的归档体系、项目文档的规范管理流程，以便为组织内的技术人员提供实用的参考和支持。

除了基础研究和应用开发层次外，科技信息资源还覆盖了技术标准、专利信息等不同形式的信息。这些信息既关注学术研究的深度，又强调实际应用的广度。在多层次的科技信息资源中，管理策略需要综合考虑不同信息形式和层次的特点，建立全面的信息资源管理系统，以满足组织内外各类用户对于信息的多层次需求。

2. 多维度性

科技信息资源的多维度性表现在其涉及不同学科领域、包含多种类型的数据和文献，这使得科技信息资源的管理面临着丰富多样的挑战与机遇。多维度性要求科技信息资源管理者采用多元化的管理手段，以更好地适应和应对这些多样性的信息资源。

首先，科技信息资源的多学科性使其跨越了自然科学、工程技术、社会科学等多个学科领域。管理者需要建立跨学科的信息整合和共享机制，促进不同学科之间的交流与合作。这包括建设交叉学科的信息平台，以促使不同学科的研究者更好地利用多领域的科技信息资源，推动跨学科研究的发展。

其次，科技信息资源的多类型性要求在管理上采取差异化的策略。从科技文献到实验数据，再到专利信息和技术标准，每一类信息都有其独特的特点和应用场景。为了更好地满足不同类型信息的管理需求，科技信息资源管理者需要制定相应的分类标准和管理规范，以确保不同类型的信息得到有效的组织、存储和检索。

最后，科技信息资源还涉及不同的数据形式，包括文本、图像、音频、视频等。这些多样性的数据形式对于信息资源的管理提出了更高的要求。管理者需要借助先进的技术手段，如数据挖掘、人工智能等，以更好地处理和分析这些多维度的信息数据，从而挖掘出其中蕴藏的有价值的知识。

在面对科技信息资源的多维度性时，管理者还需考虑信息的时效性和更新频率。科技信息资源的多维度性使得信息的变化更为复杂，管理者需要确保信息的及时更新，以保持信息的有效性和准确性。

3. 高度动态性

科技信息资源的高度动态性表现在其更新迭代速度之快，尤其是科技领域的前沿知识常常随着科学技术的不断进步而迅速涌现。这一特征要求科技信息资源管理者建立相应的动态更新的管理机制，以适应信息更新的快节奏，保持信息的时效性和权威性。

首要的挑战是科技领域的前沿知识更新速度较快，因此，管理者需要密切关注科技动态，采用实时监测和自动化检索等手段，及时获取最新的科技文献、实验数据等信息。建立一个全面而高效的信息监测系统，这对于科技信息资源管理至关重要，该系统有助于及时捕捉新的研究成果和技术发展，从而确保信息的实时性。

其次，高度动态的科技信息资源需要建立灵活的更新机制。管理者应当规定清晰的更新策略，包括定期的信息审核和更新流程，以及针对重大科技事件的紧急更新机制。这不仅需要技术手段的支持，还需要管理者具备较强的判断力和决策能力，以确保信息的更新既及时又准确。

在高度动态的环境下，科技信息资源管理者还需注重信息的质量控制。快速更新可能导致信息的质量下降，因此，管理者需要建立健全的信息质量评估机制，对信息的来源、真实性、完整性进行评估，以维护整个科技信息资源的可信度。

最后，高度动态的科技信息资源管理还需要与科技社群建立紧密的合作机制。与学术界、工业界等相关领域的专业人士和机构建立合作伙伴关系，能够使管理者获取第一手的科技信息，以促进信息的共享和交流，提高科技信息资源管理的广度和深度。

二、科技信息资源在组织中的角色

（一）信息资源与知识管理

科技信息资源在组织中充当着促进知识创新和分享的重要角色，通过信息资源的有效管理，组织能够更好地实现知识的沉淀和传承。

1. 信息资源的知识化

科技信息资源的知识化是一项关键而复杂的任务，它在组织获取核心竞争力的过程中扮演着重要的角色。知识化的过程涉及将大量的科技信息资源转化为系统性、结构化的知识体系，为组织的决策提供智力支持，从而推动组织的创新和发展。

首先，知识化的过程要求对科技信息资源进行全面而深入的整理。要对包括科技文献、实验数据、技术报告等在内的多样化的信息形式进行归纳分类，从而建立起信息的体系结构。清晰的信息分类和组织可以为后续的知识化提供有序的基础，确保信息的全面性和准确性。

其次，知识化需要对科技信息资源进行深度分析。这不仅包括对信息的内在联系、趋势和规律的挖掘，还包括对不同信息之间的关联性进行深入解读。通过深度分析科技信息资源，管理者可以将零散的信息点连接成有机的知识网络，以形成更为完整和系统的知识结构。

再次，知识化的核心是将信息转化为可理解、可利用的知识。这包括将信息中的关键洞察、经验教训等进行提炼和抽象，形成具有实际应用价值的知识元素。这一过程需要管理者和专业人员具备深厚的学科知识和业务理解能力，以确保获取知识的质量和实用性。

最后，知识化的成果是建立起一个系统性的知识库。这个知识库不仅包括组织内部的知识，还可以整合外部的专业知识和行业动态。通过建立开放而协同的知识库，组织可以更好地利用外部的智力资源，拓展自身的知识边界，推动其创新和竞争力的提升。

2. 知识管理的实践

科技信息资源管理与知识管理的结合是为了更有效地利用信息资源，促进组织内部知识的共享、学习和创新。这一实践旨在建立一个协同和学习的组织文化，使得科技信息资源不仅成为支持决策的工具，更成为促进组织学习和知识创新的驱动力。

首先，知识管理的实践需要建立一个全面的信息资源管理体系。这包括科技文献、实验数据、技术报告等多种形式的信息资源的整合和分类。通过建立信息资源的全面管理体系，组织可以更好地把握自身的知识资产，为知识管理奠定基础。

其次，知识管理的实践强调信息资源的共享。通过建立开放的信息平台和知识库，组织成员可以轻松分享和获取信息资源。共享的机制不仅促进了组织内部的协作与沟通，还有助于减少信息孤岛，提高信息利用率，推动组织整体的创新和发展。

知识管理还需要关注组织内部的学习机制。通过制订培训计划、建立导师制度等方式，组织可以促使成员更好地利用科技信息资源进行学习和能力提升。这有助于形成一个学习型组织，其能够不断适应变化的科技环境，提高自身的竞争力。

在知识管理的实践中，还应注重知识的创新和应用。科技信息资源的有效利用不仅是对过去知识的传承，更是对未来知识的创造。通过鼓励创新、设立奖励机制等方式，组织可以引导成员更主动地应用科技信息资源，推动技术创新和业务发展。

最后，知识管理的实践需要建立评估和反馈机制。通过定期评估知识管理的效果，组织可以识别潜在问题，及时调整和优化管理策略。反馈机制有助于不断提升知识管理的水平，确保其与组织战略目标的协调。

（二）项目管理与决策支持

科技信息资源在组织的项目管理和决策制定中扮演着至关重要的角色，为组织的战略发展提供了坚实的基础。其在项目管理和决策支持方面的贡献主要体现在项目信息的集成和科技依据的决策支持两个方面。

一方面，通过科技信息资源的整合，组织能够更好地进行项目信息管理，从而提高项目的执行效率和质量。项目信息的集成涉及多种类型的科技信息资源，包括科技文献、实验数据、技术报告等。这些信息资源的整合使得项目团队能够更全面、系统地了解项目背景、前沿技术、相关经验等，这就为项目的规划、实施和监控提供了更为全面的支持。科技信息资源的集成使得项目团队能够更迅速地获取必要的信息，避免信息孤岛和冗余，这有助于提高项目执行效率。同时，科技信息资源的集成也有助于项目的风险管理，使得团队能够更好地预见潜在问题，从而采取相应的措施，提高项目的质量和成功率。

另一方面，科技信息资源为组织高层提供科学的决策支持，使得决策更加基于事实和具有前瞻性。在决策制定过程中，科技信息资源可以作为重要的决策依据，为决策者提供全面、可靠的信息支持。科技信息资源涵盖了丰富的领域知识、市场动态、技术趋势等，为高层决策者提供了科学的参考。这些信息可以帮助决策者更好地理解外部环境、洞察行业动向、预测未来趋势。通过科技信息资源的支持，决策者能够做出更为明智、基于实际情况的决策，从而降低决策的风险和不确定性。

三、科技信息资源对创新的支持

（一）创新环境的构建

科技信息资源为创新环境的构建提供了必要的基础，科技信息的共享和传播，促进了组织内外的创新活动。这一构建过程主要体现在开放式创新和创新文化的培育两个方面。

一方面，科技信息资源的共享开放能够激发组织内外的创新活力，推动开放式创新模式的发展。开放式创新强调组织与外部环境的广泛合作和信息共享。科技信息资源作为创新的重要基石，通过开放的共享机制，组织能够获取来自不同领域、不同机构的科技信息资源。这不仅包括科技文献、实验数据等内部信息资源，还包括外部专家、产业界的前沿信息。通过开放共享，组织能够更好地把握外部创新动态，引入新的观念和技术，从而推动创新活动的迅速发展。科技信息资源的开放共享也为跨界创新提供了更广阔的空间，促进了不同领域之间的交叉合作，推动了创新的跨越和深化。

另一方面，科技信息资源的管理需要与创新文化相结合，培养组织成员对新知识的敏感性和创新思维的培养。创新文化强调组织内部的创新氛围和创新习惯。科技信息资源的管理应当与创新文化相协同，通过培养组织成员的创新素养，进一步推动创新活动的深入开展。这包括对新知识的敏感性，其使组织成员能够迅速识别和吸收科技信息资源中的新领域、新技术；同时，也包括创新思维的培养，其鼓励成员敢于挑战传统观念，提出创新性的想法。科技信息资源的管理者需要通过培训、激励等方式，激发组织成员的创新潜能，使其在科技信息资源的使用中更具创造性。

（二）技术创新的引导

科技信息资源通过技术创新的引导，为组织更好地把握技术发展的方向、推动技术创新的实践提供了关键支持。这一引导过程主要体现在技术趋势的分析和技术合作与转化两个方面。

一方面，通过科技信息资源的分析，组织能够更准确地把握技术趋势，为未来的技术创新做好准备。技术趋势分析是科技信息资源管理中的重要环节，通过对科技文献、专利信息、市场动态等进行深度分析，组织可以识别出当前和未来的技术发展方向。科技信息资源的广泛整合和深度挖掘使得组织能够获取最新的科技成果和研究动态，帮助组织了解行业内的技术前沿和发展趋势。这为组织提供了有力的决策支持，使其能够在激烈的市场竞争中更加灵活和具有前瞻性，为未来的技术创新提供了坚实基础。

另一方面，科技信息资源为组织寻找技术合作伙伴提供支持，推动了科技成果的转化与应用。技术创新往往需要跨足不同领域的专业知识和资源，而科技信息资源的共享和整合为组织寻找合适的技术合作伙伴提供了便利。通过对科技信息资源的深入分析，组织可以发现潜在的合作机会，寻找在特定领域具有专业技术能力的合作伙伴，从而推动科技成果的合作开发和应用。科技信息资源的转化不仅有助于提高科技成果的社会和经济效益，也促进了不同领域之间的技术交流和融合，推动了技术创新的全面发展。

第二节　科技信息资源的价值与影响

一、价值观念与科技信息资源的关系

（一）科技信息资源的本质

科技信息资源的本质在于其涵盖了科技活动的广泛产物，包括科技文献、实验数据、专利信息等多种形式的信息。这些资源以其丰富的内容和广泛的覆盖面构成了科技领域知

识的综合体。

科技信息资源作为科技活动的产物，其含义十分广泛。它包括了各种形式的信息，涉及科技领域从基础研究到应用开发的全过程。其中，科技文献承载了前人的研究成果，记录了科技领域的理论和实证知识；实验数据呈现了科技活动的实际结果，为科研实践提供了实质性的数据支持；专利信息则记录了技术创新的成果，体现了科技领域的创新活力。这些不同形式的信息共同构成了科技信息资源的丰富内涵。

科技信息资源的本质在于承载和传递科技知识。通过科技文献，人们可以获取到前人在各个领域的研究成果，形成对知识的积累和传承；实验数据作为科研实践的产物，展现了科技活动的实际成果和实验过程，为后续研究提供了基础；专利信息则是技术创新的产物，记录了新颖技术的发明和实施，为科技领域的进步提供了法律保障。这些媒介共同构成了科技知识的传递网络，为组织获取、应用和创造知识提供了关键支持。

（二）价值观念对科技信息资源的塑造

组织的价值观念对科技信息资源的塑造具有重要影响，直接影响了对这些资源的定义、理解及管理和利用方式。定义科技信息资源的价值观念是组织对这些资源在其整体战略目标中的地位和作用的认知。

组织的价值观念决定了对科技信息资源的定义。不同的组织可能根据其独特的使命、愿景和价值观，对科技信息资源产生不同的认知。例如，一个注重创新和科研的组织可能将科技信息资源定义为前沿技术文献、实验数据和专利信息，强调其在推动科技领域进步方面的作用；而一个强调实用性和应用价值的组织可能更关注实际应用领域的实验数据和技术报告。

同时，组织的价值观念又影响了对科技信息资源的理解和挖掘方式。具有不同价值观念的组织可能在资源的理解上有不同的侧重点。例如，一个注重创新的组织可能更倾向于挖掘前沿技术文献，以获取最新的科研成果和创新方向；而一个注重实用性和市场导向的组织可能更注重实验数据的应用价值，以支持产品研发和市场推广。

因此，组织的价值观念在资源管理和利用中发挥着重要作用。不同的价值观念可能导致不同的资源优先级和利用策略。例如，一个追求领先技术地位的组织可能通过加强对科技文献和专利信息的投入，提高创新能力；而一个更注重市场占有率的组织可能更加关注实验数据的质量和实用性，以支持产品的竞争力。

（三）科技信息资源与组织战略价值

科技信息资源在组织战略中具有重要的价值，体现在内部知识积累与创新能力、降低风险与战略决策支持及长远发展的战略支持等方面。

首先，科技信息资源作为内部知识的积累，直接关系到组织的创新能力。通过深入利用科技信息资源，组织能够汲取先前研究的经验和教训，为内部创新活动提供丰富的知识储备。科技文献、实验数据和专利信息等资源的充分应用，推动了组织内部的创新思维和技术水平的提升。这种内部知识积累为组织在科技领域的竞争中赢得了先机，提高了其创新能力。

其次，科技信息资源的综合应用有助于降低组织在技术开发和市场竞争中的风险。通过对科技趋势的分析和前瞻性的决策支持，组织能够更加明智地选择战略方向。科技信息资源为组织提供了对外部环境的深刻洞察，使其能够及时调整战略，降低在不确定环境下的经营风险。这种战略决策支持使组织更具应对市场变化和技术进步的敏捷性，提高了其在竞争中的灵活性。

最后，科技信息资源的战略价值在于为组织的长远发展提供支持。通过对科技信息资源的全面管理，组织能够更好地适应不断变化的科技环境，保持竞争优势，实现可持续发展。科技信息资源为组织制定长远战略提供了重要的参考和基础，使其能够顺应科技发展的潮流，为应对未来的挑战做好准备。

二、科技信息资源对企业竞争力的影响

（一）科技信息资源与技术创新

1.科技信息资源的驱动作用

科技信息资源在企业中扮演着不可或缺的角色，充当着技术创新的关键驱动力。其重要性体现在深入分析科技文献和专利信息方面。通过及时而深入地了解前沿技术趋势，企业能够在科技创新的道路上获得宝贵的指导和启示。

首先，科技信息资源的深入分析为企业提供了对先进技术的全面认识。科技文献记录了前沿科技领域的最新研究成果，而专利信息则体现了技术创新的实际应用。通过对这些信息的仔细研究，企业能够了解到正在发生的技术变革和创新趋势，为其内部研发活动提供了有力的指导。

其次，科技信息资源对企业的研发活动具有启示作用。深入分析科技文献和专利信息不仅能够揭示当前技术发展的方向，还能够激发企业内部团队创新思维。通过了解其他组织的技术实践和成果，企业得以吸取经验教训，推动内部创新，从而提高技术创新的水平。

最后，科技信息资源的深度分析还能够帮助企业建立技术预警机制。通过对科技文献和专利信息的监测，企业能够及时察觉新技术、新理念的涌现，预测技术发展的趋势。这使得企业能够更加灵敏地调整自己的研发方向，避免被技术发展的潮流所淘汰。

2.增强内部研发活动

深入利用科技信息资源对企业内部研发活动的增强具有显著的推动作用。通过对科技文献和专利的详细分析，企业能够为其研发团队提供丰富而先进的技术知识，激发创新思维，从而推动新产品和新技术的涌现。

首先，科技文献作为科技领域研究成果的载体，为企业提供了前沿的科技知识。详细分析科技文献可以使企业的研发团队及时了解到最新的科技进展、研究成果和创新方向。

这种知识的获取不仅有助于填补企业内部的技术空白，还能够激发团队成员的学习兴趣，促使其在科技前沿领域保持敏锐的洞察力。

其次，对专利信息的详细分析使企业能够深入了解技术创新的实际应用。专利不仅记录了技术的创新点，还反映了企业在特定领域的研发投入和技术积累。通过仔细分析专利信息，企业可以发现技术的演进轨迹，这能够为内部研发提供具体的技术参考，推动团队在相关领域的技术进步。

这种深入分析科技信息资源的过程不仅仅是获取知识的过程，更是激发创新思维的过程。通过对科技文献和专利的细致研读，研发团队成员能够深入了解技术问题的本质，形成对于创新的理解和认知。这种创新思维的激发有助于团队突破传统思维框架，提出更具前瞻性和独创性的研发方案。

最后，这种深入分析过程为新产品和新技术的涌现创造了有力的基础。通过对科技信息资源的充分理解，企业能够更好地把握市场需求，更迅速地响应行业变化，推动创新成果的成功落地。因此，科技信息资源的深入利用不仅为企业内部研发活动提供了全面的技术支持，同时也为其在市场竞争中保持领先地位提供了强大的竞争优势。这一过程既具有学术价值，即深刻探讨了科技信息资源在企业内部研发中的作用；也具有实践意义，即为企业科技创新提供了有益的指导。

3. 提升技术创新能力

积极运用科技信息资源对企业技术创新能力的提升具有深远的影响。这种积极运用不仅在跟踪技术发展的脉络上发挥着重要作用，更在提升企业自身技术创新能力的方面发挥着关键作用，使企业更具竞争力，从而能够更灵活地应对市场变化和行业竞争。

首先，通过积极运用科技信息资源，企业能够全面而及时地跟踪技术发展的脉络。科技信息资源涵盖了广泛的科技领域，包括科技文献、专利信息等。企业通过对这些信息的系统搜集和分析，能够深入了解不同领域的技术趋势、研究方向及最新成果。这种跟踪的全面性使企业能够紧密关注市场的技术动态，及时调整自身的技术发展方向，确保技术创新与市场需求的紧密契合。

其次，积极运用科技信息资源有助于企业提升自身的技术创新能力。通过深入分析科技文献和专利信息，企业能够获取到丰富的技术知识和先进的技术理念。这为企业内部的研发团队提供了重要的参考和启示，激发了其自身的其创新思维，推动了技术创新的涌现。企业可以借鉴他人的成功经验，吸取其他领域的创新理念，促使自身在技术上取得新的突破。

最后，这种技术创新能力的提升使企业更具竞争力，能够更灵活地应对市场变化和行业竞争。企业不断更新自身的技术储备，加强技术创新的投入，使其能够更好地适应市场需求的变化。同时，对技术发展脉络的敏锐感知使企业能够在行业竞争中保持领先地位，更好地把握市场机遇，迅速应对激烈的市场竞争。

（二）科技信息资源与市场洞察

1. 市场趋势的深度洞察

科技信息资源在为企业提供市场趋势深度洞察方面发挥着关键作用。通过深入分析科技文献中涉及的技术趋势，企业能够更准确地了解市场的发展方向，这为企业制定市场战略提供有力支持。

首先，科技文献作为记录科技领域研究成果的重要载体，包含了各个领域的最新科技进展和创新成果。通过对科技文献的系统分析，企业可以获取到与其业务相关的最新技术动态。这种深入的科技信息研究使企业能够捕捉到市场上新兴技术的涌现，预测技术发展的未来趋势，从而为企业在市场中保持领先地位提供了有力支持。

其次，科技信息资源的深度分析还涵盖了专利信息等方面。通过深入了解专利信息，企业能够获取到在技术创新领域的最新实践和应用。这不仅有助于企业了解市场上技术创新的热点，还可以揭示出一些可能影响市场格局的关键技术。企业通过对这些信息的洞察，能够更加全面地了解市场的发展动向，这为企业制定切实可行的市场战略提供了科学依据。

最后，深度洞察市场趋势使企业能够更灵活地应对市场变化。企业通过对科技信息资源的深入分析，能够预见市场的发展方向，把握市场的变革点。这使得企业能够及时调整自身的战略方向，灵活应对市场的波动，提高其在竞争激烈的市场中的竞争力。

2. 竞争对手技术动态的监测

科技信息资源为企业提供了密切监测竞争对手技术动态的重要手段。通过对竞争对手的专利申请、科技论文等信息的追踪，企业能够全面了解竞争格局，这为其制定差异化战略提供了有力依据。

首先，竞争对手的专利申请是关键的技术信息来源之一。通过仔细追踪竞争对手的专利动态，企业能够了解其在技术创新方面的投入和方向。专利申请涉及的技术领域、创新点及专利技术的范围等信息，都为企业提供了洞察竞争对手技术战略的窗口。这种监测有助于企业及时发现竞争对手的技术创新，为企业在市场中寻找差异化的竞争优势提供了基础。

其次，科技论文是另一个重要的技术信息渠道。竞争对手在学术界发表的科技论文反映了其在科研领域的最新进展和研究方向。通过对竞争对手科技论文的分析，企业可以了解其在学术研究上的活跃度和成果。这种信息有助于企业深入了解竞争对手的技术实力和创新水平，为企业在技术领域的对抗中制定相应策略提供了重要参考。

最后，密切监测竞争对手技术动态有助于企业更好地应对市场竞争。了解竞争对手的技术布局和创新方向，企业可以更有针对性地调整自身的研发方向，提前准备应对竞争对手可能带来的挑战。这种差异化的战略调整有助于企业在市场中保持竞争优势，更好地满足客户需求，提高企业的市场份额。

3.制定更准确的市场策略

基于科技信息资源的市场洞察，企业能够制定更准确的市场策略，从而更有针对性地推出产品或服务，提高其在市场中的竞争力。

首先，了解技术趋势是制定准确市场策略的关键。科技信息资源提供了全面的技术动态和趋势信息，使企业能够把握市场中不断变化的技术格局。通过对科技文献、专利信息等的分析，企业能够预见未来技术发展的方向，迅速调整产品或服务的技术方向，确保自身与市场需求保持一致。这种具有前瞻性的技术趋势洞察有助于企业避免技术过时，提前布局有潜力的领域，从而更好地满足市场的需求。

其次，深入了解竞争对手的动态是精准制定市场策略的另一要素。通过科技信息资源对竞争对手的专利、科技论文等信息的监测，企业可以全面了解竞争对手的技术实力和创新水平。这使得企业能够有针对性地制定战略，通过产品创新或技术优势来区分自身与竞争对手。有了这样的市场差异化策略，企业更有可能在激烈的市场竞争中脱颖而出，提高品牌竞争力。

最后，基于科技信息资源的市场洞察有助于企业更灵活地调整市场策略，应对市场的变化。了解市场趋势和竞争对手动态后，企业可以及时调整产品定位、市场定位和营销策略，更好地适应市场的需求和变化。这种敏锐性的市场调整使得企业能够更迅速地应对竞争挑战，保持其在市场中的竞争力。

第三节 科技信息资源管理的目标与挑战

一、科技信息资源管理的核心目标

（一）提升科技信息资源的获取效率

1.科技文献的快速获取

在科技信息资源管理领域，实现科技文献的迅速获取对于组织的科研和创新活动至关重要。建立高效的文献检索系统及采用先进的检索算法和技术，是确保组织及时获取最新研究成果的关键步骤。

科技文献的快速获取首先需要建立一个完善的文献检索系统，该系统应该具备高度智能化和用户友好性。通过整合各种文献数据库、期刊平台和学术搜索引擎，科研人员可以在一个平台上全面、快速地检索相关文献。同时，科技文献的快速获取还需要采用先进的信息技术手段，如自然语言处理、机器学习等，以提高检索系统的准确性和效率。

此外，采用先进的检索算法是确保用户快速获取科技文献的另一关键因素。算法的优化可以提高检索的精准性，确保用户能够迅速找到与其研究课题相关的文献信息。随着人工智能和数据挖掘技术的发展，越来越多的智能化算法被引入文献检索领域，以更好地满足用户的需求。

技术方面，采用先进的检索技术也是实现文献快速获取的不可或缺的手段。例如，推荐系统技术可以根据用户的检索历史和兴趣推荐相关文献，提高用户体验；采用自动化工具进行文献下载、整理和管理，有助于提高科研人员的工作效率。

在整个过程中，关注信息检索系统的更新和维护也是至关重要的。及时更新检索系统中的数据库和索引，确保其与科技文献领域的发展同步。同时，建立反馈机制，收集用户的评价和建议，以不断改进检索系统，提升其性能和用户体验。

2. 实验数据的精准采集

在科技创新的过程中，实验数据的精准采集对于研发活动至关重要。提高实验数据的采集效率是科技信息资源管理的核心目标之一。通过利用先进的数据采集技术和自动化工具，组织能够更加精准地收集实验数据，这为研发提供了可靠的数据支持。

实验数据的精准采集首先涉及建立高效的数据采集系统。这个系统应当能够覆盖组织内部各个实验室和研发团队，确保全面、系统地收集实验过程中产生的数据。通过采用先进的传感器技术、实时监测设备及自动化仪器，实验数据可以被及时捕捉和记录，这就避免了信息的遗漏和失真。

其次，采用先进的数据采集技术是实现精准采集的关键。使用高精度的传感器、测量设备和数据采集仪器，可以确保实验数据的准确性和可靠性。这涉及对数据采集设备的不断更新和升级，以适应不同实验条件和研发需求。

自动化工具的应用也是提高实验数据采集效率的重要手段。自动化数据采集软件和系统的应用，可以实现对数据的实时处理、分析和存储，减少人工操作的干预，提高数据采集的效率和精度。这样的工具还可以帮助实验人员更好地管理和维护数据，确保数据的完整性和可追溯性。

最后，建立规范的数据采集流程和标准化的数据格式也是保障实验数据精准采集的重要环节。统一的数据采集标准的制定，可以确保不同实验室和团队之间的数据具有一致性，从而提高了数据比较和分析的可靠性。

3. 专利信息的及时获取

在科技信息资源管理中，及时获取最新的专利信息是一项关键的目标。专利信息对于创新活动具有重要的价值，因为它可以提供有关技术领域的最新动态和先前的创新成果。为了实现这一目标，组织需要建立专业的专利检索系统和监测机制，以确保其紧跟技术领域的前沿动态。

首先，建立专业的专利检索系统是保障及时获取专利信息的基础。这个系统应当具备高效的检索功能，能够覆盖广泛的专利数据库和文献资源。通过采用先进的检索算法和技术，组织可以迅速而准确地获取与其关注领域相关的专利信息。

其次，建立专利监测机制是确保组织紧跟专利领域最新动态的重要手段。通过订阅专利数据库的更新服务、设定关键词监测和建立自动化的信息推送系统，组织可以及时获知新专利的发布和技术领域的变化。这种机制可以大大提高信息的实时性和获取效率。

再次，与专业的专利检索系统和监测机制相结合，建立专门的专利信息管理团队也是关键。这个团队应当由具备专业知识和检索技能的人才组成，负责收集、整理和分析所需的专利信息。团队的建立，可以更好地协调和管理专利信息的获取工作，确保信息的全面性和准确性。

最后，与其他信息资源整合和共享也是优化专利信息管理的手段之一。通过将专利信息与其他科技信息资源相结合，组织可以获得对信息资源更为全面和深入的了解，从而促进创新活动的开展。

（二）优化科技信息资源的整合与共享

1. 建立统一平台实现信息整合

为了更有效地整合科技信息资源，组织需要着手建立一个统一的信息平台，以便将分散在不同部门和系统中的信息有机地集成起来。这一统一平台的目标是通过采用标准化的数据格式和接口，实现科技信息资源的无缝整合。

首先，建立统一的信息平台是确保科技信息资源整合的基础。该平台应具备强大的数据管理和处理能力，能够容纳各种形式的科技信息资源，包括科技文献、实验数据、专利信息等。通过统一平台，组织可以将这些多样化的信息整合到一个集中的数据仓库中，这能够为后续的分析和利用提供便利。

其次，标准化数据格式和接口是实现信息整合的关键。通过采用通用的数据格式和标准的接口协议，不同系统和部门产生的信息可以被无障碍地整合到统一平台中。这有助于消除数据的异构性，提高信息的可互操作性，使得整合过程更加顺畅。

最后，统一平台还应提供高效的检索和查询功能，以满足用户对科技信息资源的快速获取需求。通过建立先进的检索算法和用户友好的界面，组织成员可以轻松地访问和利用整合在平台上的科技信息，从而提高了信息的利用效率。

在整合的过程中，组织需要关注数据安全和隐私保护的问题。建立安全的访问控制机制和数据加密手段，以确保敏感信息得到妥善保护，这也是建设统一平台的重要考虑因素。

2. 促进部门与团队的信息共享

为了充分发挥科技信息资源的价值，必须着重促进部门和团队之间的信息共享，这在优化管理中扮演着关键的角色。实现信息共享的关键在于建立协同工作机制和弘扬信息共享文化，以推动组织内部信息资源的共享与合作。

首先，建立协同工作机制是促进信息共享的基础。通过建立协同工作平台、项目管理系统等机制，组织成员可以方便地共享项目进展、科技文献、实验数据等信息。这种机制有助于打破信息孤岛，促进不同部门和团队之间的紧密合作。

其次，推动信息共享需要培养一种积极的信息共享文化。组织可以通过制定相关政策和激励机制，鼓励成员分享自己的科技信息资源，包括研究成果、行业洞察等。培养这种共享文化有助于减少信息壁垒，提高组织整体协同效率。

信息共享不仅是组织内部的问题，也涉及与外部合作伙伴的协同。建立与外部合作伙伴的信息共享渠道，能够更好地获取外部领域的科技信息，从而促进创新活动。

除此之外，利用先进的信息技术工具，如云平台和在线协作工具，也是促进信息共享的有效途径。这些工具具有实现实时协同编辑、文件共享、在线讨论等功能，为信息共享提供了便捷的技术支持。

最后，建立成功的信息共享模式需要时间和坚持。组织可以通过定期举办知识分享会、组织跨部门协作项目等方式，逐步巩固信息共享的理念和实践，从而确保将这一文化融入组织的日常运作中。

（三）提高科技信息资源的价值评估水平

1. 建立科学的评估方法

在科技信息资源管理中，为了全面了解信息资源的实际价值，建立科学的评估方法和指标体系至关重要。科技信息资源的有效评估可以为组织提供决策支持，促进资源的优化配置。

第一，科学的评估方法需要明确评估的目标和标准。组织可以制定详细的评估目标，明确信息资源的核心价值是什么，例如，是否促进了科技创新、提高了工作效率等。在此基础上，制定科学的评估标准，确保评估的全面性和客观性。

第二，科技信息资源的评估需要建立完整的指标体系。这个指标体系应包括多个方面，如资源的获取效率、整合与共享水平、对创新活动的支持度等。每个指标都应当具有量化的可测度，以便进行科学评估和比较。

第三，评估方法应当采用多层次的研究手段。定量分析和定性分析相结合，可以更全面地评估科技信息资源的效益。定量分析可以通过数据指标和统计方法进行；而定性分析则可以通过用户满意度调查、专家评审等方式获取主观感受。

第四，建立科学的评估方法还需要不断迭代和改进。评估方法应当具有灵活性，能够根据组织内外部环境的变化进行调整。定期对评估方法进行反馈和改进，可以确保评估的科学性和实用性。

最后，科学的评估方法需要参考先进的管理理论和实践经验。借鉴其他组织成功的评估案例，吸收相关领域的最佳实践，有助于建立更加科学和实用的评估方法。

2. 综合考量多方面价值

在科技信息资源管理中，对资源的价值进行综合考量是非常重要的。这种价值不仅仅限于科技信息资源的数量和质量，更包括其对组织创新、竞争力等方面的多方面影响。综合考量多方面的价值，可以使评估更加全面准确，有助于组织更科学地利用信息资源。

首先，科技信息资源的创新价值是综合考量的重要方面之一。这包括资源是否能够促进组织内部的创新活动，以及是否能推动新产品和新技术的涌现。通过科技信息资源的深度挖掘和应用，组织可以更好地应对市场变化，提高创新能力，从而增强竞争优势。

其次，科技信息资源对组织竞争力的影响也是需要考虑的关键因素。科技信息资源的合理利用可以为组织提供对市场和竞争对手的深度洞察，这有助于组织制定更加准确的市场策略。同时，通过对技术趋势和市场动态的分析，组织能够更灵活地调整自身战略，提高在竞争激烈的行业中的竞争力。

最后，科技信息资源对组织决策的支持也是综合考量的一部分。通过对科技信息资源的科学分析，高层管理者可以做出更为基于事实和前瞻性的战略决策，并提高决策效率和准确性。科技信息资源为决策者提供了实时、全面的信息支持，这有助于决策者及时应对复杂多变的市场环境。

综合考量多方面的价值还包括科技信息资源对组织学习与发展的促进作用。资源的及时获取和有效利用有助于组织成员对新知识的敏感性和创新思维的培养，这为组织的可持续发展提供了坚实基础。

二、科技信息资源管理中的挑战

（一）信息爆炸与信息过载

科技信息资源的爆炸性增长是当代社会面临的一项重大挑战，其中最突出的问题之一是信息爆炸和信息过载。科技活动的不断推进导致了各类信息资源的迅速涌现，涵盖科技文献、实验数据、专利信息等广泛的领域。这种广泛的信息涌入，构成了科技领域知识的综合体，为组织提供了极其丰富的资源。

然而，信息爆炸也带来了信息过载的问题。管理者和研究者面对庞大而多样的信息流，很容易在信息海洋中迷失方向。信息爆炸不仅仅意味着数量的激增，更体现在信息的多样性和快速更新。这种情况下，了解、筛选、获取有价值的信息成为一项巨大的挑战。管理者需要精准地把握信息的本质，确保所获取的信息对组织的科研和创新有实际帮助。

应对信息爆炸和信息过载的问题，管理者需要制定有效的信息过滤机制。这包括利用智能算法和人工智能技术进行信息过滤和分类，这两种方法能够确保组织从庞大的信息流中筛选出对创新和决策有实质性帮助的内容。此外，建立清晰的信息获取策略和有效的信息管理体系也是解决信息过载问题的关键。

（二）多源异构信息的整合

在科技信息资源管理中，面临的另一个重要挑战是多源异构信息的整合。科技信息资源涉及多个不同领域和来源的信息，这些信息可能采用不同的数据格式、标准和语义体系，这就使得资源整合变得相当复杂。

异构性的增加导致了信息的碎片化和分散，使得组织难以全面、一体化地利用这些信息。首先，不同领域的科技信息可能采用不同的技术语言和标准，这导致了信息之间存在语义差异。其次，不同来源的科技信息可能以多种格式存在，包括文本、图像、数据表等，这增加了信息整合的技术难度。最后，不同领域和来源的信息可能存在重复、交叉或互补的情况，这需要进行有效的去重和关联处理。

为解决多源异构信息的整合难题，管理者需要采用先进的信息技术手段。一种常见的方法是引入数据标准化和规范化的技术，以确保不同来源的信息能够按照统一的标准进行表示和管理。此外，还可以利用数据集成和数据仓库技术，将异构数据集中存储，提高信息检索和分析的效率。同时，借助自然语言处理和机器学习等技术，对异构信息进行智能化的处理，实现语义的统一和关联。

在整合多源异构信息的过程中，需要不断优化和升级信息管理系统，以适应不断演进的科技环境。灵活、可扩展的信息整合平台的建立，能够有效应对科技信息资源异构性所带来的挑战，从而为组织提供更加高效和一体化的科技信息服务。通过有效整合，组织可以更充分地利用来自不同领域和来源的信息资源，推动科技创新和决策制定。

（三）信息技术的快速更新

在科技信息资源管理领域，信息技术的快速更新既能带来机遇又能带来挑战。科技信息资源的有效管理需要借助各种先进的信息技术工具和平台，以便更高效地获取、整合和分析科技信息。然而，随着信息技术的不断发展和升级，管理者面临着一系列与迭代升级相关的挑战。

首先，信息技术的快速更新导致科技信息资源管理工具和系统的迭代频率加快。管理者需要不断升级现有系统，以适应新技术的应用和发展趋势。这可能涉及软件和硬件的更新、系统架构的调整及新功能的集成，对组织而言是一项复杂而耗时的任务。

其次，管理者需要不断跟进新兴的信息技术，了解其在科技信息资源管理中的潜在应用和优势。这要求管理者具备对技术趋势的敏感性，并能够评估新技术对组织业务的实际帮助程度。因此，管理者需要投入大量时间和资源来研究和评估新兴技术，以确保科技信息资源管理系统始终保持先进性和竞争力。

最后，信息技术的快速更新还引发了组织内部人员的培训和适应压力。管理者需要确保团队成员具备足够的技术素养，能够熟练操作和管理最新版本的科技信息资源管理工具。这可能需要进行定期的培训和知识更新，以提高团队的技术水平，确保他们能够充分发挥信息技术的潜力。

（四）人才培养与团队协作

在科技信息资源管理领域，人才培养与团队协作是一项至关重要的挑战。科技信息资源的管理要求团队成员具备跨学科的知识背景和高水平的信息管理技能，以应对日益复杂和多样化的科技信息资源。然而，相关人才相对稀缺，给科技信息资源管理带来了一系列问题。

首先，跨学科的知识背景要求团队成员不仅具备信息管理领域的专业知识，还需要了解相关科学、工程、医学等领域的基础知识。这对于招聘和培养具有综合素养的人才提出了更高的要求。由于科技信息资源的内容涉及众多领域，团队成员的知识需要具备足够的广度和深度，以便更好地理解和管理各类信息。

其次，科技信息资源管理需要团队成员具备先进的信息管理技能，包括信息检索、数据分析、知识表示等方面的能力。然而，这些技能在传统的信息管理专业教育中可能并未充分覆盖，进而导致了人才供给不足。缺乏足够熟练的信息管理人才可能会影响科技信息资源的高效管理和应用。

最后，团队协作也是人才培养中的一个重要方面。由于科技信息资源管理涵盖多个领域，因而需要不同专业背景的团队成员协同工作。然而，跨学科的团队合作可能面临沟通障碍、理解差异等问题，这就需要组织建立有效的沟通和协作机制。

在当前人才市场竞争激烈的情况下，培养和留住具备科技信息资源管理专业知识的人才已经成为一项挑战。组织需要制订有针对性的培训计划、激励机制，以及提供广泛的发展机会，以吸引和留住高素质的科技信息资源管理人才。

第二章　科技信息资源管理的基础理论

第一节　科技信息资源的分类与特点

一、科技信息资源的主要分类

（一）文献类资源

1. 学术期刊

学术期刊作为科技信息资源的一类重要文献资源，在科研活动中发挥着不可替代的作用。它不仅是学术交流的重要平台，也是获取最新研究成果和学术进展的主要途径。以下是关于学术期刊的详细分析：

首先，学术期刊广泛覆盖了各个学科领域，包括自然科学、工程技术、医学等，每个学科都有相应的专业期刊。这种广泛涵盖的特点使得学术期刊成为不同领域学者交流和分享研究成果的重要平台。通过在期刊上发表研究论文，科研人员能够向同行学者和学术界展示他们的研究成果，获得同行的认可和反馈。

其次，学术期刊的学术权威性是其独特的特点之一。学术期刊通常经过专业的同行评审，确保了其中所刊载的论文经过严格的学术审查，具有较高的学术质量。这种同行评审制度有助于筛选出优秀的研究成果，为学术界提供了可信度较高的信息来源。

最后，学术期刊还具有及时性和前瞻性。学术界通常通过期刊来发布最新的研究成果，因此科研人员可以通过定期阅读学术期刊，了解最新的学术进展。这对于科研人员及时获取领域内的最新动态、跟踪前沿研究方向，具有重要意义。

在信息数字化的时代，学术期刊的电子化和在线发布也成为一种趋势。通过电子期刊，科研人员可以更加便捷地获取相关文献，提高信息检索效率。同时，学术期刊的在线平台也为国际学术交流提供了更加便捷的途径，促进了全球学术界的互通合作。

2. 会议论文

会议论文作为另一类重要的文献资源，在学术研究中扮演着关键的角色。相较于学术期刊，会议论文更专注于某一特定领域或学科的深入研究，同时也是学术交流的重要形式之一。

首先，会议论文的特殊性在于其对于特定问题或主题的深入研究。学者们往往通过参与学术会议，提交和发表自己的研究成果，以分享对特定问题的深刻见解和最新研究进展。与期刊不同，会议论文更注重对具体议题的研究深度，为学术界提供了更为专业和细致的领域研究。

其次，会议论文也是学术交流的重要形式之一。学术会议作为学者相互交流的平台，促进了学术思想的碰撞和交流。通过在会议上发表论文，研究者可以得到同行的反馈和建议，加深对自己研究的认识，同时也能够结识领域内的专业同行，推动学术合作和共同研究项目的开展。

最后，会议论文也具有及时性和前瞻性。因为学术会议通常按照一定的周期定期举行，研究者有机会定期分享和了解最新的研究成果。这种定期的学术交流有助于推动整个领域研究水平的提升，使学术界能够更迅速地适应新的科研趋势和变化。

在数字化时代，会议论文的电子化和在线发布也成为一种趋势。通过在线平台，研究者可以更加方便地获取和阅读会议论文，这也促进了国际范围内的学术交流。

（二）专利类资源

专利文献作为科技信息资源的重要组成部分，在记录技术创新和发明方面发挥着关键作用。其独特的法律属性和信息价值，使其成为企业和研究机构不可或缺的资源。以下是专利文献重要性的几点体现：

首先，专利文献提供了详尽的技术解决方案。通过对专利文献的深入分析，人们可以了解到不同领域内的最新技术创新和发明成果。专利文献记录了发明者的创意和实现方法，这些为其他研究者、工程师和创新者提供了宝贵的技术参考。这有助于促进技术的传播和应用，进而推动整个领域的发展。

其次，专利文献为技术创新提供了法律保护。专利是对发明的一种法定保护，通过取得专利，发明者可以获得在一定时期内对其发明的独占权。这种法律保护鼓励创新者投入更多的时间和资源进行研发，同时也保障了创新者的权益。对企业而言，拥有一系列的专利组合可以增强其在市场竞争中的地位，进而形成技术壁垒。

最后，专利文献的分析有助于了解技术趋势和创新动态。通过对大量专利文献的综合分析，企业可以发现不同技术领域的发展趋势、创新热点和未来可能的技术方向。这为企业制定研发战略、投资决策提供了科学的依据，有助于帮助其更好地适应科技环境的变化。

（三）实验数据类资源

实验数据类资源是科技信息资源中的重要组成部分，涵盖了各类科学实验和研究所产生的数据。这些实验数据在科学研究中具有不可替代的作用，对于验证科学理论、进行模拟分析及推动科学研究的进展都发挥着关键的支持作用。

首先，实验数据是科学研究的基石之一。科学家通过实验获得的数据，能够用来验证他们的假设和理论。这种验证过程是科学方法论中的重要环节，实验数据的准确性和可靠性直接关系到科学研究的可信度。因此，实验数据的管理和记录对于科学研究的推进至关重要。

其次，实验数据的模拟分析有助于深入理解复杂的科学现象。通过对实验数据的系统分析和模型建立，科研人员可以更好地理解自然界的规律和特性。实验数据的处理和分析工作涉及统计学、数学建模等多个领域,为科学家提供了深入挖掘实验结果的途径。

最后,实验数据的共享和开放对于推动科学研究具有积极的价值。通过建立开放获取的实验数据平台,科研人员可以分享他们的研究成果,进而促进不同团队之间的合作与交流。这种共享机制有助于加速科学研究的进程,避免重复劳动,提高整个科学社区的效率。

二、科技信息资源的特征与属性

科技信息资源的特征与属性架构图如图 2-1 所示。

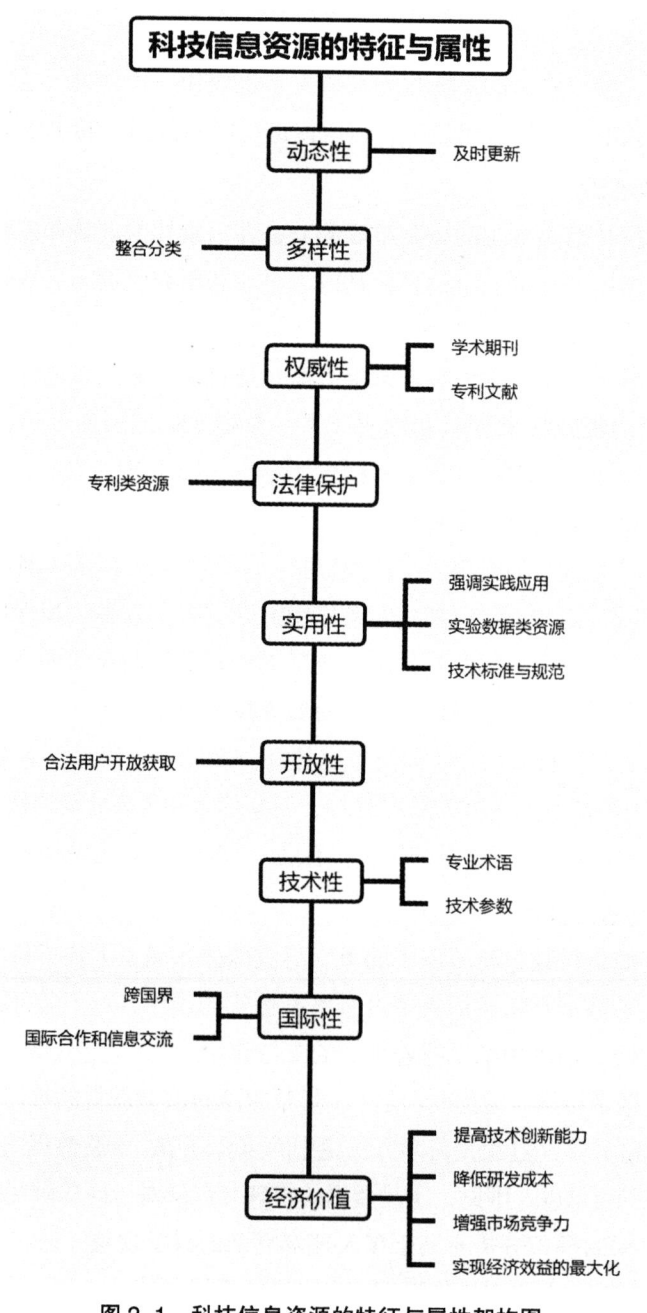

图 2-1 科技信息资源的特征与属性架构图

（一）动态性

科技信息资源的明显动态性是其独特而重要的特征。随着科技研究和创新的持续推进，新的文献、专利、实验数据等不断涌现，呈现出不断更新的状态。这使得用户对科技信息管理系统的需求更加迫切，系统要能够及时、准确地跟踪和更新信息，以确保用户能够获取到最新的科技资讯。

科技研究和创新的不断推进促使每天都有新的研究成果问世。这使得科技信息资源必须具备强大的动态跟踪和更新机制，以适应不断涌现的文献、专利和实验数据。管理系统需要建立高效的信息采集系统，通过自动化和智能化的手段实时监测各种信息源，确保用户能够第一时间获取到最新的科技信息。

动态性还体现在科技信息的快速传播和变化。科技期刊、会议论文等渠道使得研究成果能够在短时间内传播到全球范围。因此，科技信息管理系统需要具备高效的信息传播机制，以确保新的科技成果能够及时传递给用户。这要求系统要采用先进的传播技术，包括社交媒体、即时通信等渠道，将科技信息迅速传递给广大用户。

（二）多样性

科技信息资源的多样性是其显著特征，涵盖了众多学科领域，包括但不限于自然科学、工程技术和医学等。这种多学科的特性要求科技信息管理系统具备对不同学科的理解和分类能力，以便有效整合和分类不同领域的信息，使用户能够方便地获取所需信息。

科技研究和创新涉及物理学、化学、生物学等多个学科领域。管理系统需要具备足够的学科跨界理解能力，以建立起科技信息资源的多学科整合平台。这涉及对各学科的术语、方法和研究方向的深入了解，以确保系统对不同学科的信息能够进行准确的分类和整合。

多样性还体现在不同类型的科技信息资源之间，如学术期刊、会议论文、专利文献、实验数据等。每种资源都有其独特的特点和属性，需要在管理系统中进行有效的分类和组织。例如，学术期刊注重学术研究成果的发表，而专利文献记录了技术创新和发明。管理系统需要建立起合理的分类标准和组织结构，使用户能够有针对性地检索和获取所需信息。

（三）权威性

权威性是科技信息资源的显著特征，主要体现在学术期刊和专利文献等资源上。这些资源具有较高的学术和技术权威性，是科研人员、工程师等专业人士获取可靠信息的重要途径。

学术期刊作为学术研究成果正式发表的主要渠道，经过同行评审程序，确保了文献的学术质量和可信度。科技信息管理系统需要具备对学术期刊的合理识别和权威评价能力，以确保用户能够获取到具有较高学术水平和可靠性的信息。学术期刊中发布的论文通常经过严格的审查，反映了学术界对各个领域最新研究成果的认可，因此在科技信息资源管理中占据着重要地位。

专利文献记录了技术创新和发明，是技术领域权威信息的重要来源。专利的授予需要经过专业审查，以确保技术解决方案的独特性和创新性。科技信息管理系统需要充分利用专利文献的权威性，为企业和研究机构提供法律保护和技术参考。专利文献中包含了各个领域的前沿技术，对于科研和产业创新有着重要的指导作用。

（四）法律保护

在专利类资源中，专利文献记录了技术创新和发明，具有法律保护的属性。这为创新者提供了在一定时期内对其发明的专有权，促进了科技创新和知识产权的保护。

专利文献是反映技术创新成果的法定载体，其所记录的发明和创新具有独创性和实用性。获得专利权后，创新者在一定期限内拥有对该技术的专有权，可以防止他人在未经许可的情况下使用、制造、销售该技术。这种法定的专利保护为创新提供了法律的保障，激励了科技领域的持续创新。

专利类资源的法律保护也促进了技术的合理传播和共享。专利保护确保了创新者的权益，同时在专利期限结束后，技术就成为公共领域的财富，为其他研究者和企业提供了学习和利用的机会，推动了技术的广泛传播。

（五）实用性

科技信息资源的实用性是其受欢迎的原因之一。这些资源不仅提供理论性的知识，还强调实践应用。特别是实验数据类资源和技术标准与规范，它们直接关联到具体的实验和行业标准，具有很强的实用性，为科研、工程设计和产品开发提供了有力支持。

实验数据类资源记录了科学实验和研究中产生的数据，具有直接的实践应用性。这些数据对于验证科学理论、进行模拟分析以及推动科学研究具有重要作用，为实验和研究提供了可靠的基础数据。

技术标准与规范是实际生产和工程设计中必不可少的指导文件。这些标准明确了产品质量、性能、安全等方面的要求，为企业生产提供了统一的技术规范，具有明显的实用性。

（六）开放性

科技信息资源在一定程度上表现为开放性，即对于合法用户的开放获取。学术期刊、部分专利信息及一些实验数据集在符合法律法规的前提下，通常能够被科研人员、企业和公众免费或有偿获取。这种开放性促进了信息的广泛传播和共享。

学术期刊的开放获取使得学术研究成果能够被更多人免费获取，提高了知识的传播效率。开放获取还有助于促进全球范围内的学术交流，使得科研成果能够更广泛地为社会服务。

专利信息的一定程度开放也为技术创新提供了平等的信息获取机会。对于某些技术领域，专利信息的公开能够为其他研究者提供重要的技术参考，避免重复研究，从而推动创新。

（七）技术性

科技信息资源通常具有较高的技术性，涉及专业领域的专业术语、技术参数等。这要求使用者具备一定的专业知识，同时也对信息管理系统提出了技术上的挑战，要求其能够准确理解和储存专业领域的技术信息。

科技信息资源涉及各个学科的专业知识，包括但不限于工程技术、自然科学、医学等领域。用户需要具备相应学科的专业背景，以更好地理解和利用相关信息。这也对信息管理系统提出了对多学科知识的融合和整合的要求。

技术性还表现在科技信息中使用的专业术语和数据。科技文献、专利文献等往往包含大量的专业术语和技术参数，对于非专业人士来说可能难以理解。因此，信息管理系统需要具备术语解释和数据标准化的功能，以提高信息的可理解性。

（八）国际性

国际性是科技信息资源的显著特征，尤其在学术期刊和国际专利体系等方面体现得更为明显。科技创新和知识产权保护通常具有跨国界的性质，因此科技信息资源管理必须考虑国际合作和信息交流的需求。

学术期刊往往具有国际性，覆盖全球范围内的研究成果。科技信息管理系统需要能够处理来自不同国家和地区的学术文献，支持多语言的检索和浏览功能，以促进国际学术合作。这包括对不同语言的文献进行翻译和整合，确保研究者能够跨越语言障碍获取全球范围内的最新科技信息，从而推动国际的学术交流与合作。

国际专利体系作为知识产权保护的机制涉及多个国家的专利信息。科技信息管理系统需要具备对国际专利信息的整合和检索功能，以使用户能够方便地跨越国界获取相关技术信息。这包括对专利文献的标准化处理，其确保用户能够在全球范围内获取一致的和可比较的专利信息，从而促进国际科技创新的合作和发展。

（九）经济价值

经济价值是科技信息资源管理中一个不可忽视的方面，这种价值体现在科技信息资源对企业技术创新、研发成本和市场竞争力的积极影响。科技信息资源的合理利用，能够对企业经济效益的最大化产生深远影响。

科技信息资源为企业提供了重要的技术参考和市场情报。这些资源包括学术期刊、专利文献、实验数据等，为企业决策者提供了对最新科技研究和市场动态的深入了解。通过科技信息资源的引导，企业能够制定更明智的科技创新战略，提高产品质量和技术水平，从而直接影响企业的市场地位和盈利能力。

科技信息资源的合理利用还可以帮助企业避免重复研发，提高研发效率，降低研发成本。通过深入了解领域内已有的研究成果和技术进展，企业可以避免走弯路，更加聚焦核心技术，加速新产品上市。这对于创新型企业尤为关键，有助于提高其创新效率，使其迅速响应市场需求，从而在市场竞争中占据优势。

第二节　科技信息资源的生命周期管理

科技信息资源作为一种重要的组织资产，其生命周期经历多个阶段，每个阶段都具有一定的特征和管理需求（图2-2）。

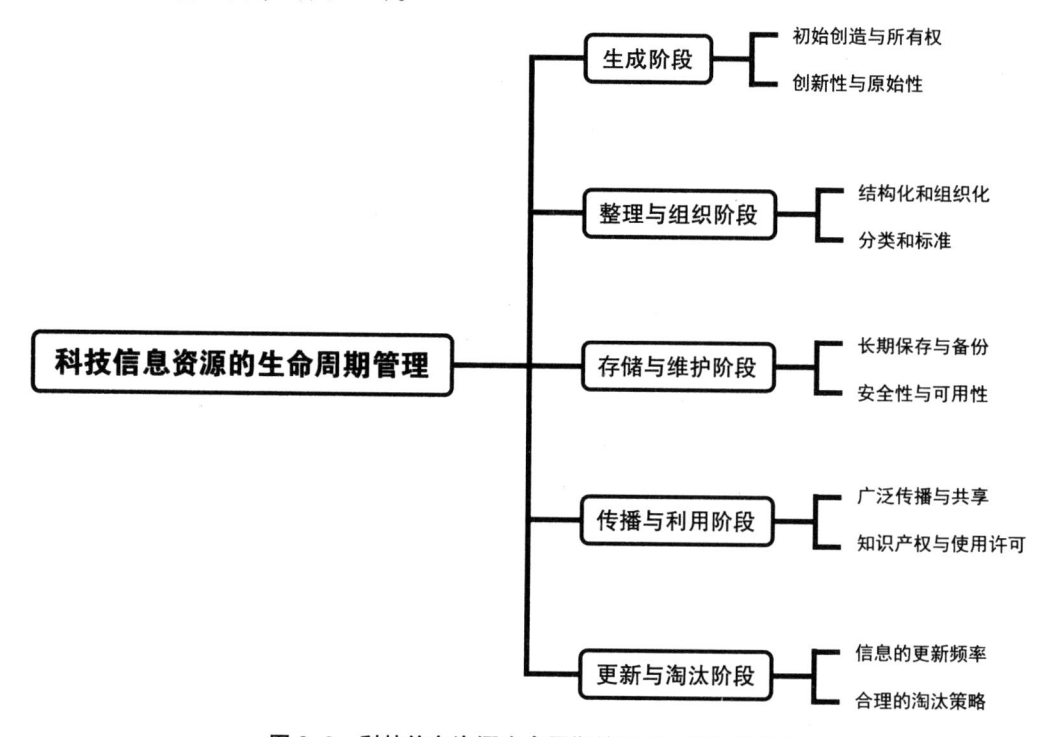

```
科技信息资源的生命周期管理
├─ 生成阶段 ─── 初始创造与所有权
│                创新性与原始性
├─ 整理与组织阶段 ─── 结构化和组织化
│                     分类和标准
├─ 存储与维护阶段 ─── 长期保存与备份
│                     安全性与可用性
├─ 传播与利用阶段 ─── 广泛传播与共享
│                     知识产权与使用许可
└─ 更新与淘汰阶段 ─── 信息的更新频率
                      合理的淘汰策略
```

图2-2　科技信息资源生命周期的阶段与特征架构图

一、生成阶段

（一）初始创造与所有权

生成阶段标志着科技信息资源的初始创造和信息所有权的确立。这一阶段涵盖了多个活动，其中最突出的是科研人员进行实验、发表学术论文、获得专利等。这些活动产生的信息具有创新性、原始性，是科技信息资源的重要组成部分。

1.科研人员实验活动

在实验室和研究领域，科研人员通过实验活动产生了大量的实验数据、观察结果和研究成果。这些数据和成果是科技信息资源的基石，需要在生成阶段建立有效的信息采集机制。科研团队应当借助先进的实验数据管理系统，确保实验数据的准确记录和及时整理。

2.学术论文的发表

科研人员通过学术论文的发表将研究成果分享给学术界和社会。这一过程涉及论文的创作、审稿、编辑等环节，需要科技信息资源管理系统支持论文的全流程管理，以确保学术论文的质量和可追溯性，促进信息在学术社区的传播。

3.专利的获得

在技术创新中，科研人员通过发明和创新性设计获得专利，专利确保其在一定时期内拥有对技术的专有权。生成阶段需要建立专利信息的准确记录和分类机制，以保护知识产权，从而促进科技创新的法律保护。

（二）创新性与原始性

在生成阶段，创新性和原始性是科技信息资源的显著特征。科研人员的创新工作推动了科技信息的不断丰富，而这些原始的研究成果对学术界和产业界都具有重要价值。

1.前瞻性的创新

科技信息资源在生成阶段具有前瞻性，即具备对未来科研和产业发展有指导作用的特质。科研人员的创新工作可能涉及新领域的探索、新理论的提出，为科学社区提供引领性的信息。管理系统需要关注前沿领域的信息采集和整理，以确保前瞻性信息得以充分记录。

2.独特的原始成果

科技信息资源的原始性体现在其独特性和独创性。每一篇学术论文、每一个实验数据集都是独一无二的，反映了科研人员在特定条件下的独特观察和发现。生成阶段管理系统需要建立系统的信息记录和归档机制，以保存这些原始成果，从而为未来的科研和技术应用提供支持。

二、整理与组织阶段

（一）结构化和组织化

整理与组织阶段是科技信息资源生命周期中的关键步骤，对信息进行整合、分类和标准化，可以为后续的存储、检索和共享奠定基础。在这一阶段，科技信息资源管理系统发挥着关键作用，其能够确保信息以有序和系统化的方式被管理和利用。

1.学术期刊的归档与整理

学术期刊是科技信息资源中的重要组成部分，涵盖了广泛的学科领域。在整理与组织阶段，需要将学术期刊的文章按照学科、主题进行归档和整理。科技信息管理系统应当支持对期刊文章的元数据提取和标准化，以确保信息结构化并易于管理。

2.实验数据的整合与分类

科研实验产生的数据需要在整理与组织阶段进行整合和分类。这包括对实验数据的归档、命名规范的制定，以及数据之间关联关系的建立。科技信息管理系统在这一过程中扮演了信息整合和关系建立的重要角色，该系统支持科研人员有效管理实验数据。

3.专利文献的标准化与分类

专利文献涉及技术创新和知识产权保护，需要在整理与组织阶段进行标准化和分类。

科技信息管理系统应当支持对专利文献的专利号、发明人、技术领域等信息的提取和标准化。通过建立清晰的专利分类系统，用户能够便捷地检索相关专利信息。

（二）分类和标准

有效的分类和实现标准化是整理与组织阶段的核心任务。科技信息资源跨越多个学科领域，因此建立跨学科的分类系统至关重要。同时，信息的标准化有助于提高检索效率和信息的可比性。

1. 跨学科的分类系统

科技信息资源管理系统需要建立跨学科的分类系统，涵盖自然科学、工程技术、医学等多个领域。分类应当细致到能够满足用户的专业需求，同时具备足够的灵活性，以适应学科的发展和变化。

2. 元数据规范的制定

在整理与组织阶段，制定清晰的元数据规范是确保信息整理与组织的重要手段。科技信息管理系统应支持对元数据的定义和提取，以确保每一份信息都被赋予明确的标准化元数据。这有助于信息的一致性和可管理性。

3. 用户需求导向的分类体系

分类和标准应当以用户的需求为导向。科技信息资源管理系统需要根据科研人员、工程师和其他用户的实际需求，不断优化分类和标准，以确保信息按照用户的专业背景和研究方向得到有针对性的组织。

三、存储与维护阶段

（一）长期保存与备份

存储与维护阶段是科技信息资源生命周期中关注信息长期保存、备份和维护的关键时期。这一阶段的特征包括信息的稳定性、可靠性和安全性，而科技信息资源管理系统在此过程中扮演着确保信息持久性和完整性的重要角色。

1. 存储技术的选择与优化

在存储与维护阶段，选择适当的存储技术至关重要。科技信息资源可能包含海量数据，因此可以使用先进的存储技术，如云存储、分布式存储系统等，以确保信息能够高效、安全地存储。

2. 定期备份与灾害恢复

为了应对信息损失的风险，定期备份是不可或缺的一环。科技信息资源管理系统需要制定有效的备份策略，以确保信息的定期备份，并将备份数据存储在安全的地方，以应对可能的数据灾害，并实施恢复计划。

（二）安全性与可用性

科技信息资源的存储与维护需要关注信息的安全性和可用性，以防止信息的损失、泄露或篡改，同时确保科研人员和用户能够随时访问所需的信息。

1. 安全存储系统的建立

建立安全的存储系统是信息安全的基础。采用加密技术、访问控制、身份验证等手段，可以确保只有授权人员能够访问和修改信息。科技信息管理系统应当支持对存储系统的安全配置和监控。

2. 定期巡检与数据完整性检测

定期巡检和数据完整性检测是确保存储系统正常运行的关键步骤。科技信息管理系统需要建立巡检机制，监测存储系统的性能、空间利用率等指标。同时，通过数据完整性检测，系统能够及时发现并修复可能存在的数据损坏或错误。

3. 灾害恢复计划的制订

灾害恢复计划是在发生灾害时快速、有效地恢复信息系统的关键。科技信息资源管理系统需要制订灾害恢复计划，包括定期演练，以确保在灾害发生时可以迅速有效地进行信息系统的恢复。

四、传播与利用阶段

（一）广泛传播与共享

在科技信息资源的传播与利用阶段，特征显著体现在信息的广泛传播、共享及被引用的频率。这一阶段的成功实施要求建立开放获取机制、协同工作机制，以促进信息的广泛共享和有效交流。在管理方面，需要关注知识产权、使用许可等问题，以确保信息的合法利用。

1. 开放获取机制的建立

科技信息资源的广泛传播，开放获取机制是关键的一环。科技信息管理系统需要支持开放获取政策，使得信息能够对合法用户开放。这可以通过开放获取学术期刊、会议论文等途径来实现，从而提高信息的可及性。

2. 协同工作机制的推动

协同工作是信息共享的有效途径。科技信息管理系统应当支持科研人员、机构之间的协同工作，提供合作平台和工具，以促进信息共享和团队合作。这有助于不同领域的专业人士更好地利用科技信息资源。

（二）知识产权与使用许可

在传播与利用阶段，涉及知识产权和使用许可的管理，这对于保护创作者权益、促进科技信息资源合法利用至关重要。

1. 知识产权归属的明确

科技信息资源可能涉及专利、学术论文等，需要明确信息的知识产权归属。科技信息管理系统应当记录和显示信息的知识产权信息，以便用户了解和尊重知识产权。

2. 合理的使用许可机制

建立合理的使用许可机制有助于平衡信息的共享和创作者的权益。科技信息管理系统应当支持定义不同类型的使用许可，包括商业使用、非商业使用、署名要求等，以满足不同用户的需求。

五、更新与淘汰阶段

（一）信息的更新频率

在科技信息资源的更新与淘汰阶段，关键特征包括信息的更新频率和淘汰的必要性。管理方面需要建立信息更新的机制，以确保用户能够获取到最新的信息。同时，定期审查信息的时效性，制定合理的更新策略，以维持信息资源的时效性和质量。

1.制定信息更新机制

科技信息管理系统的科学合理的信息更新机制是确保用户能够获取最新科技研究成果的关键。在制定这一机制时，系统需要综合考虑多个因素，以保证高效运作和及时传递最新信息。

首先，信息更新机制的核心在于对各类科技信息源的定期检索。这包括对数据库、学术期刊、会议论文等渠道的系统性检索，以捕捉最新的研究成果和科技动态。定期的检索工作需要涵盖多个学科领域，以确保全面获取不同领域的最新信息，满足用户的多样化需求。

其次，更新机制需要具备高效的运作能力。这涉及信息的迅速采集、处理和整合，以确保用户能够在第一时间了解到新的科技信息。采用先进的信息技术和数据处理工具，系统可以实现自动化的信息更新，提高效率的同时减轻人工负担。

有效的信息更新机制不仅要求系统能够捕捉最新的信息，还要求对信息的质量进行有效把控。这包括对学术期刊的权威性、实验数据的可信度等方面进行评估，以确保用户获取到的信息是具有学术价值和科学可信性的。

最后，科技信息管理系统的更新机制还需要注重用户体验。通过优化检索算法、提供个性化推荐等方式，系统可以更好地满足用户的个性化需求，提高用户对系统的满意度。

2.定期审查信息的时效性

时效性是科技信息资源的关键特征之一，对于管理系统而言，定期审查信息的时效性至关重要，特别是在涉及快速发展的科技领域。这一定期审查的过程对于确保用户获取准确、最新的科技知识具有积极的作用。

首先，科技信息在不同领域的发展速度差异较大，某些领域的研究成果可能在短时间内发生显著变化。因此，定期审查信息的时效性能够帮助系统及时辨别和更新过时的内容，以确保用户获取的信息与最新科技进展保持同步。

其次，定期审查有助于保持信息的科学可信性。在科技领域，随着新的实验证据和研究成果的涌现，原有的理论和结论可能发生变化。通过定期审查，管理系统能够及时核实信息的准确性，这能够防止用户获取已经被新的研究所推翻的内容。

最后，科技信息的时效性审查也涉及信息淘汰的问题。过时的信息可能导致用户被误导或产生错误的理解，因此，通过定期审查，系统可以制定合理的淘汰策略，清理不再具有实用价值的信息，从而确保用户获取到的信息是具有实质性科研和应用价值的。

在管理上，定期审查时效性需要建立明确的评估标准和程序。这包括对不同领域的科技信息进行差异化的审查频率，制定科学合理的更新和淘汰机制。同时，建立信息审查团队，由专业人士负责审核和判断信息的时效性，以保障审查工作的专业性和客观性。

（二）合理的淘汰策略

科技信息资源的淘汰阶段需要制定合理的淘汰策略，以确保信息的质量和准确性。

1.制定清晰的淘汰标准

对于科技信息管理系统来说，制定清晰的淘汰标准是确保淘汰策略有效实施的关键步骤。这些标准不仅有助于维持信息资源的质量和准确性，还能提高用户获取科技知识的效率。以下是建立清晰淘汰标准的一些建议：

首先，时效性是一个重要的淘汰标准。信息在科技领域的时效性通常较短，因此系统可以设定特定的时效期限。超过时效期限的信息可能已经过时，需要被淘汰。时效性标准的建立应当考虑不同领域的研究速度和信息更新频率。

其次，科学性是淘汰标准的关键要素。科技信息应当符合科学研究的方法和原则，而不是基于过时或已经被推翻的理论。建立科学性评估标准，包括对实验设计、数据分析等方面的考核，这样做有助于排除低质量或不可靠的信息。

最后，是否有更新版本也是一个重要的淘汰标准。如果某一信息已经有了更新版本，旧版本可能已经不再具备实质性价值。因此，系统可以设定当新版本发布时自动淘汰旧版本的规则，以确保用户获取的是最新和最全面的信息。

信息的实用性和应用性也可以作为淘汰标准的考量因素。一些信息可能随着科技发展演进，其实用性下降。通过考察信息的实际应用情况，系统可以确定哪些信息已经不再符合用户需求，从而进行淘汰。

在建立淘汰标准时，科技信息管理系统需要进行全面的评估，涵盖不同领域和类型的信息。同时，建议采用透明的标准，向用户公示淘汰标准，以增加系统运作的透明度和用户的信任度。

2.定期进行信息淘汰

定期进行信息淘汰是科技信息管理系统维护高质量内容的重要手段。随着科技研究和创新的快速发展，信息的时效性成为关键因素，而定期淘汰过时信息可以有效地保持系统内容的新颖性和可靠性。

首先，定期淘汰过时信息有助于清理系统中的信息冗余。随着新的研究成果不断涌现，旧有信息可能会变得过时而失去实际应用价值。通过定期的淘汰工作，系统能够及时删除这些过时信息，减少信息冗余，使用户更容易找到并获取到真正有用的科技信息。

其次，定期淘汰有助于提高科技信息的准确性和可信度。科技研究领域的知识不断更新，旧有的研究成果可能会被新的证据或理论所推翻。通过定期审查和淘汰，系统可以排除不再准确或被否定的信息，从而确保用户获取的科技知识是基于最新和可信的研究成果。

最后，定期淘汰还有助于提升系统的整体运行效率。过多的过时信息可能导致系统负担加重，影响检索和浏览的速度。通过淘汰过时信息，系统可以更高效地处理和呈现最新的科技信息，以提升用户体验。

定期进行信息淘汰需要科技信息管理系统建立科学合理的淘汰机制，包括时效性评估、科学性审核等。此外，系统还应当与相关领域的专业机构和研究者建立合作，获取该领域的最新知识，以便更准确地判断信息的时效性和科学性。

第三节　科技信息资源的价值评估

科技信息资源的价值评估可以从多个角度进行考量（图 2-3）。

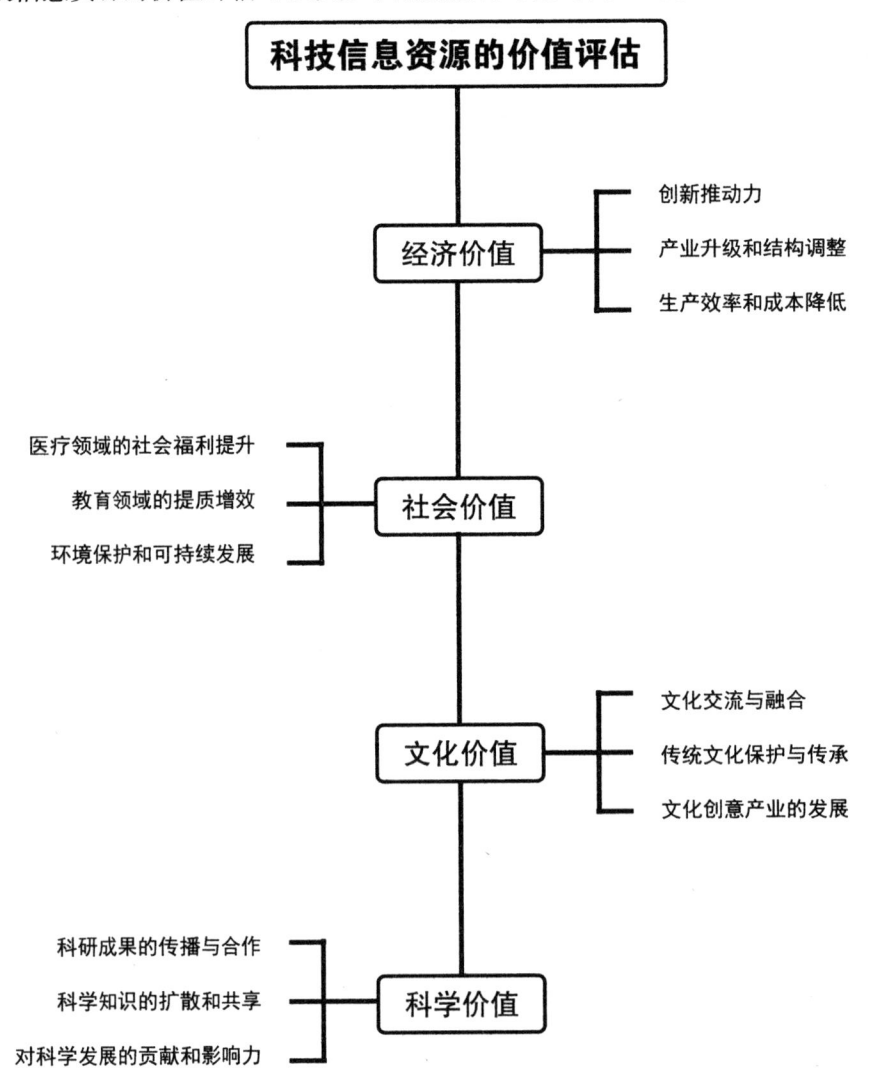

图 2-3　科技信息资源的价值评估架构图

（一）经济价值

1. 创新推动力

在经济领域，科技信息资源扮演着至关重要的角色，主要体现在其作为创新推动力的显著作用。其高质量的信息内容具有激发创新思维、促进技术进步的独特能力。通过及时提供最新的科研成果、先进的技术方法及市场趋势，科技信息资源为企业和研究机构提供了宝贵的参考资料，为推动新产品和新服务的开发奠定了基础。

创新推动力的核心在于运用科技信息资源的能力激发创新思维。信息资源的广泛性为创新提供了多样性的素材，激发了研究者和企业家的创造性思考。科技信息资源能够为用户呈现前沿科技成果和先进技术，其拓展了创新者的思维边界，为用户解决实际问题提供了新的视角。这种创新思维的激发不仅推动了科技研究的深入发展，也为产业界的创新提供了源源不断的动力。

科技信息资源提供的最新的科研成果，使得企业和研究机构能够紧跟科技前沿，更好地应对市场变化。了解最新的科研动态和技术方法，企业能够更迅速地调整产品和服务的方向，以适应市场需求的变化。这种灵活性和敏捷性使企业能够更好地应对竞争压力，实现产业升级。

科技信息资源还为新产品和新服务的开发提供了关键的参考资料。通过深入了解市场趋势、用户需求及竞争对手的动态，企业能够更有针对性地进行产品研发。科技信息资源的信息共享和传播为企业创新提供了广泛的信息基础，这有助于避免重复劳动，提高研发效率，同时，这也对于促进经济发展，推动产业向高附加值方向发展具有积极的影响。

2. 产业升级和结构调整

在不同行业中，科技信息资源的应用为产业升级和结构调整提供了重要的支持。这一过程涉及企业对市场需求和竞争格局的深刻理解，通过科技信息资源的传播和应用，企业能够更加准确地捕捉市场动态，理解消费者需求的变化，并及时做出相应的调整。

科技信息资源的传播为企业及时提供了关于市场需求的信息。通过深入了解市场趋势、消费者偏好及竞争对手的行动，企业能够更好地把握市场的发展方向。这种信息的获取有助于企业调整生产布局，更有针对性地满足市场需求，从而实现产业升级。

同时，科技信息资源也为企业提供了关于技术进步和创新的重要信息。了解最新的科研成果和先进的生产技术，企业能够更好地优化生产流程，提高生产效率。这种技术上的升级有助于企业提高产品质量、降低生产成本、提高整体经济效益，推动产业向更为先进和竞争力强的方向发展。

结构调整方面，科技信息资源的应用在产品结构和业务模式上发挥了关键作用。通过了解市场竞争格局和消费者需求的变化，企业能够更灵活地进行产品结构的调整，推动产品更新迭代。同时，科技信息资源的应用也为企业提供了开拓新业务领域的机会，能够促进企业在市场中更好地定位和巩固竞争地位。

这种结构性的调整不仅有助于企业提高竞争力，也推动了企业整体经济效益的提升。

企业的结构性调整能够更好地适应市场变化，提高资源配置的效率，从而推动整个产业链的升级。这对于整个经济体系的稳健发展具有积极的影响，使得企业整体经济更具竞争力。

3. 生产效率和成本降低

科技信息资源的有效利用在提高生产效率和降低成本方面发挥着关键的作用，为企业的可持续经营和经济体系的稳健发展带来重要意义。

首先，通过科技信息资源的获取，企业能够及时了解最新的生产技术。这种技术的更新对于生产流程的优化至关重要。企业可以借助科技信息资源获悉最新的生产方法和工艺，从而不断改进自身的生产流程，提高生产效率。通过引入先进的技术手段，企业能够更高效地完成生产任务，减少生产过程中的浪费，实现资源的最大化利用。

其次，科技信息资源为企业提供了先进的管理方法和经验。在企业经营过程中，高效的管理对于降低成本至关重要。科技信息资源通过分享成功的管理经验和先进的管理理念，使企业能够更好地规划和组织生产活动。有效的管理方法能够提高生产效率，减少资源浪费，进而降低生产成本。这对于企业在激烈的市场竞争中保持竞争力具有重要意义。

最后，科技信息资源的应用还使得企业能够更好地进行供应链管理。通过了解市场变化和供应链上下游的信息，企业可以更准确地实施原材料采购和产品销售的计划。这有助于避免因库存积压或供需不平衡而导致的成本增加。通过科技信息资源的支持，企业能够实现供应链的精细化管理，降低运营成本，提高整体的生产效率。

在经济体系层面，科技信息资源的有效利用为整个产业链的协同发展提供了支持。通过不断提高企业的生产效率和降低生产成本，整个产业链可以更好地适应市场的变化，进而提高整体的竞争力。这种效率的提高有助于推动整个经济体系向着更为稳健和可持续的方向发展。

（二）社会价值

1. 医疗领域的社会福利提升

在医疗领域，科技信息资源的应用对社会福利具有显著的提升作用。通过及时获取医学研究的最新成果、分享临床经验和应用医疗技术的进步，科技信息资源为医疗水平的提高做出了重要贡献，直接提升了人们的健康状况和延长了人们的寿命，从而对社会的整体健康水平和人民的生活质量产生了积极的影响。

首先，医学研究的最新成果通过科技信息资源的传播对医疗领域产生了深远的影响。科技信息资源为医疗专业人员提供了及时的研究成果和临床实践经验，使他们能够了解最新的医学进展。这种信息的传播不仅促进了医疗科研的发展，也为临床实践提供了更先进的治疗方法。从新药研发到治疗方案的创新，科技信息资源的应用为医学领域带来了更多可能性，推动了整个医疗领域水平的提升。

其次，临床经验的分享通过科技信息资源的平台得以扩散。医疗专业人员在实践中积累的宝贵经验通过科技渠道得以广泛传播，这为其他医生提供了宝贵的经验参考。这种经验的分享有助于避免重复性工作，能够提高医疗工作的效率。在科技信息资源的支持下，医生们能够更好地应对各种疾病挑战，提高治疗的准确性和成功率，从而改善了患者的治疗效果，提升了医疗领域的整体水平。

最后，医疗技术的不断进步也受益于科技信息资源的应用。通过科技信息资源的传播，医疗从业者能够及时了解到最新的医疗技术和设备。新一代的医疗技术，例如远程医疗、人工智能辅助诊断等，为医疗服务提供了更为便捷和精准的手段。这种技术的进步不仅提高了医疗的效率，也使得医疗资源更加普及，这就为更多人提供了高质量的医疗服务。

2. 教育领域的提质增效

在当今教育领域，科技信息资源的传播和应用对于提升教育质量和普及程度发挥着至关重要的作用。教育资源的数字化、在线学习平台的不断发展及教学方法的创新都紧密依赖于科技信息资源的支持，为教育体系带来了深刻的变革。

首先，科技信息资源的应用促进了教育资源的数字化。传统的教育资源，如教科书、课件等，通过数字化的方式得以更广泛地传播。电子书籍、在线图书馆等数字资源的推广，使得学生可以更方便地获取各类学科知识。这种数字化的转变不仅提高了资源的可访问性，还使得教育内容更具互动性和灵活性，满足了不同学生的学习需求。

其次，在线学习平台的发展为学生提供了更广泛的学习机会。在科技信息资源的支持下，各类在线学习平台得以兴起。学生可以通过这些平台学习来自世界各地优质学府的课程，无须受制于地理位置。这种全球性的学习资源共享，促进了教育的国际化和多样化，有助于培养更具全球竞争力的人才。

最后，科技信息资源的应用推动了教学方法的创新。借助虚拟实验、在线互动教学等技术手段，教学过程更富有趣味性和实用性。学生通过科技信息资源能够参与到更丰富的学习活动中，提高学习的主动性。这种创新的教学方法有助于激发学生的学习兴趣，提高他们对知识的吸收和理解程度。

3. 环境保护和可持续发展

科技信息资源在环境保护和资源利用方面的应用对于实现可持续发展目标起到了关键作用。通过提供环境监测数据、清洁能源技术和资源管理方法等方面的支持，科技信息资源为社会提供了更全面的信息基础，这能够帮助社会更好地理解环境问题，推动绿色发展和可持续利用资源。

首先，科技信息资源通过提供环境监测数据帮助社会更好地了解环境状况。各类环境监测技术，如卫星遥感、传感器网络等，通过科技信息资源的支持，为社会提供了大量翔实的环境数据。这些数据包括空气质量、水质情况、生态系统变化等多个方面，为科学家、决策者和公众提供了全面的环境信息。这种信息的获取有助于科学合理地评估环境问题，制定有效的环境政策，推动环境保护工作的深入开展。

其次，科技信息资源在清洁能源技术方面的应用对可持续发展至关重要。通过科技信息资源的传播，清洁能源技术得以更广泛地推广和应用。太阳能、风能、水能等清洁能源的研究和开发成果通过科技信息资源传递给社会，为能源的可持续利用提供了有效手段。这种清洁能源技术的应用有助于减缓对传统能源的依赖，减少能源的消耗，推动社会向绿色、低碳的能源结构转变。

最后，科技信息资源在资源管理方法方面的应用也为可持续发展提供了支持。通过科技信息资源的传播，各类资源管理的先进方法得以广泛传播。这包括资源的循环利用、减少浪费的方法等。科技信息资源帮助社会更好地了解资源状况，推动资源的合理利用，减少资源的浪费。这种资源管理的创新有助于推动社会向更为可持续的资源利用模式转变，减缓资源枯竭和减少环境污染的问题。

（三）文化价值

1. 文化交流与融合

在文化领域，科技信息资源的应用体现在促进文化交流与融合方面，其为数字化的文化资料、在线文化活动及虚拟展览等提供了支持，有助于不同文化之间的交流与理解，推动了全球文化多样性的发展，促进了文化的创新和进步。

首先，科技信息资源为数字化的文化资料提供了更广泛的传播途径。通过数字化的方式，传统的文化资料，如文学作品、艺术品等，可以被保存、展示，并通过互联网等平台传播到全球。这种数字化的文化资料传播方式使得不同地域、不同文化的人们能够更容易地获取并了解其他文化的精髓。这种数字化推动了文化资料的流动性，促进了文化之间的交流。

其次，在线文化活动通过科技信息资源的支持得以实现。音乐会、戏剧表演、文学讲座等文化活动通过在线平台可以被观众在任何地方参与。科技信息资源的应用使得文化活动不再受制于地理位置，其促使不同地域的人们能够共享相同的文化体验。这种在线文化活动的开展有助于拉近不同文化之间的距离，推动文化的交流和融合。

最后，虚拟展览通过科技信息资源的支持为人们提供了更为便捷的参观方式。博物馆、艺术馆的展览通过虚拟展览平台可以在线呈现，观众无需亲临现场也能够欣赏到丰富的文化展品。这种虚拟展览的开展有助于促进不同文化之间的艺术交流，拓宽人们的文化视野，推动全球文化多样性的发展。

2. 传统文化保护与传承

在传统文化保护与传承方面，科技信息资源发挥着重要作用，数字化档案、虚拟博物馆等科技手段为传统文化的保存提供了新的途径。这些科技手段有助于保护濒临失传的传统文化，使其得以传承，并为后代提供更广泛的了解和学习的机会。

首先，数字化档案是科技信息资源在传统文化保护方面的一项重要工具。传统文化的许多珍贵文献、手稿、艺术品等可以通过数字化技术进行数字化保存，以防止它们在时间的洗礼中逐渐腐化和丧失。数字化档案的建立不仅有助于文物的长期保存,也为广大学者、研究人员提供了更为便捷的获取途径。这种数字化保存方式为传统文化的保护提供了有效手段,使得其得以永久保存。

其次,虚拟博物馆是科技信息资源在传统文化传承方面的创新应用。传统博物馆通常受到地理位置、空间限制,而虚拟博物馆通过互联网平台将文物、展览呈现在观众面前,无需实地参观。这种虚拟博物馆的建立为传统文化的传承提供了更加开放和广泛的途径。观众可以通过互联网随时随地参观展览,了解传统文化的历史、艺术、传承等方面的信息。

最后,科技信息资源还通过在线教育等方式为传统文化的传承提供了便捷途径。传统文化的学习往往需要专业的知识和指导,而在线教育平台可以为学生提供全球范围内的传统文化课程。学习者可以通过在线学习更方便地了解传统文化的内涵、历史背景和艺术表现形式,促进传统文化的传承和发扬。

3. 文化创意产业的发展推动

科技信息资源的应用推动了文化创意产业的发展,数字艺术、虚拟现实等新兴文化形式在科技渠道上的传播,创造了新的文化产品和市场。这不仅为文化创意产业注入了活力,也为文化的持续创新提供了更广阔的空间。

首先,数字艺术作为一种新兴的文化形式,通过科技信息资源的支持得以迅速传播。数字艺术利用数字技术和互联网平台,将创作者的思想和创意以数字化的方式呈现给观众。数字艺术作为一种新的艺术表现形式,不受传统媒体和空间的限制,使得艺术家可以更自由地表达创意。科技信息资源的传播机制为数字艺术提供了全球范围内的展示和分享平台,促使其在文化创意产业中崭露头角。

其次,虚拟现实技术的发展为文化创意产业带来了全新的体验和商业机会。虚拟现实通过模拟现实场景,为用户提供身临其境的感觉,拓展了文化创意的表达方式。例如,在虚拟现实中可以创造全新的艺术展览、音乐演出等体验。科技信息资源的应用为虚拟现实技术的推广提供了基础,推动了虚拟现实在文化创意产业中的广泛应用,为观众提供了更为丰富的文化体验。

最后,科技信息资源为文化创意产业提供了市场拓展和营销的新途径。通过社交媒体、在线平台等渠道,文化创意产品可以更直接地接触到目标受众。艺术家、创作者可以通过数字化的方式与粉丝互动,建立更为紧密的社群关系。这种直接的互动不仅促进了文化创意产品的销售,也加强了文化创意产业与受众之间的联系,从而形成了更为健康和稳定的市场生态。

(四)科学价值

1. 科研成果的传播与合作

科技信息资源在科学研究的推动和支持方面主要体现在科研成果的传播与合作方面。

科技信息资源为科学家提供了获取最新研究成果的便捷途径，促进了不同研究团队之间的合作与交流，从而加速了科学知识的传播，推动了科学领域的不断进步。

首先，科技信息资源通过学术期刊、论文数据库等渠道为科学家提供了广泛获取最新研究成果的机会。学术期刊发布了各领域的研究论文，而科技信息数据库则整合了大量的学术资源。科学家可以通过这些渠道及时获取到最新的科研成果，了解同行的研究进展。这种便捷的获取方式为科研工作者提供了更广泛的信息基础，有助于拓宽他们的研究视野，促使科学研究更为深入和全面。

其次，科技信息资源为科学家之间的合作与交流提供了有效平台。科学家可以通过学术社交网络、在线研讨会、国际学术会议等方式与全球范围内的同行进行交流合作。科技信息资源的应用使得地理距离不再是合作的障碍，这促进了国际和跨领域的科研合作。这种合作模式不仅有助于充分发挥各方优势，还有利于加速科研成果的应用和推广。

最后，科技信息资源为科学研究提供了开放获取的机会，促进了科研成果的共享。开放获取的研究成果可以被广泛传播，使更多的科学家和研究机构能够充分利用这些成果，进一步推动科学研究的发展。开放获取的思想有助于构建更加开放、透明、共享的科研环境，进而推动科学社区的共同进步。

2. 科学知识的扩散和共享

科技信息资源的应用对科学知识的扩散和共享产生了深远的影响。开放获取的科研论文、科学数据库等工具使科学知识更加透明和可及，这为广大科研工作者提供了更广泛的学术资源，促进了科学研究的广度和深度发展。

首先，开放获取的科研论文为科学知识的扩散提供了更为开放和便捷的途径。科研成果通过开放获取的方式可以在全球范围内免费获取，而不再受到传统学术出版物的限制。这种开放获取模式使得科学论文更容易被其他科研人员、学者、学生获取和阅读，从而有助于加速科学知识的传播。科研人员也可以更迅速地了解最新的研究成果，拓展自己的研究领域，促使科学研究更具活力。

其次，科学数据库的建设和应用为科研人员提供了丰富的学术资源。科学数据库整合了大量的研究数据、文献信息、实验结果等，为科研人员提供了全面、多层次的信息支持。科研人员可以通过数据库检索相关领域的文献、了解前沿研究进展、获取实验数据，从而更为全面地开展科学研究。这种数据库的建设不仅加强了科学知识的扩散，也为科研人员提供了更为便捷和高效的学术工具。

最后，科技信息资源的共享机制为科研人员的合作和交流创造了有利条件。科研人员可以通过学术社交网络、在线研讨会等方式直接与全球范围内的同行进行合作与交流。这种全球性的合作模式不仅促进了国际和跨领域的科研合作，也为不同学科之间的交叉研究提供了更多可能性。科技信息资源的共享机制有助于构建一个更加开放、协作的科研环境，推动科研人员的集体智慧发展和共同进步。

3.对科学发展的贡献和影响力

评估科技信息资源的科学价值需要综合考虑其对科学发展的贡献和影响力。科技信息资源的质量和广度直接关系到科学研究的深度和广度。高质量的科技信息资源能够为科学家提供准确、全面的信息，推动他们在研究领域取得更为重要的成果。同时，科技信息资源的广泛传播也有助于将科学知识推广至更广泛的社会层面，增加科学的影响力。

科技信息资源的贡献首先体现在为科学研究提供了可靠的信息基础。科学家在进行研究时需要获取最新的科研成果、理论方法和实验数据，而高质量的科技信息资源为他们提供了广泛、及时的信息支持。这有助于科学家更深入地理解研究领域的动态，提高研究的精准性和有效性。科技信息资源的及时更新和全面性也为科学家提供了在创新研究中的有力工具，使科学发展能够立足于前沿。

此外，科技信息资源的广泛传播还有助于加强科学知识的社会传播和普及。通过开放获取、学术期刊、在线数据库等途径，科技信息资源将科学知识传播到更广泛的社会层面。这不仅促进了科学知识在学术界内的传播，也使得科学知识更容易为公众所了解。科技信息资源的广泛传播有助于提高社会对科学的认知水平，培养公众的科学素养，推动科学文化的普及。科学知识的社会传播不仅有益于科学与社会的互动，还加强了公众对科学的信任度，为科学的推广和发展提供了有力支持。

第三章　科技信息资源的规划与设计

第一节　科技信息资源的规划原则与方法

一、规划的基本原则与流程

科技信息资源的规划是确保其有效性和可持续性的关键环节。在规划的过程中，应遵循一系列基本原则，以保障资源的合理利用和系统的健康发展（图3-1）。

```
                    规划的基本原则流程
          ┌──────────────┼──────────────┐
    长远目标一致性原则      合规性与合法性原则      系统性与科学性原则
      │                    │                    │
      ├─愿景与战略方向深入理解   ├─法规政策考虑         ├─规划流程的系统性
      └─发展方向与组织目标协同   └─法律合规性          └─科学方法和工具的运用
```

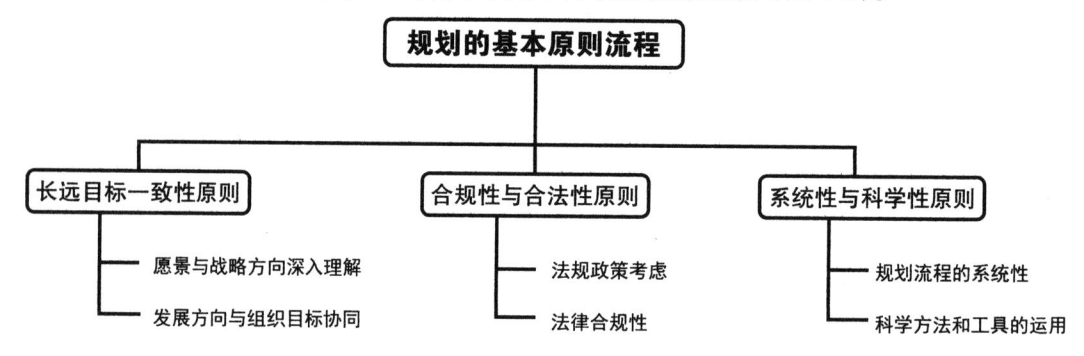

图3-1　规划的基本原则与流程架构图

（一）长远目标一致性原则

1.愿景与战略方向深入理解

科技信息资源规划的首要原则在于确保其与组织整体战略的一致性，而其中关键的步骤之一就是深入理解组织的愿景和战略方向。在这一过程中，必须对组织的愿景和战略方向展开深入地研究与了解。这要求对组织的业务需求、未来发展方向及市场趋势进行详尽的调研和分析，以确保科技信息资源的发展方向与组织的长远目标相契合。

在深入理解愿景和战略方向的过程中，首先需要对组织的愿景进行全面而深刻的剖析。愿景是组织未来发展的宏伟蓝图，是对组织最终期望达到的状态的清晰描述。通过对愿景的深入理解，规划者能够把握组织的长远目标，为科技信息资源的规划提供明确的方向。这需要关注愿景中所体现的价值观、使命和愿景目标，以确保科技信息资源的发展与之保持一致。

其次，在理解组织的战略方向时，规划者需要细致入微地分析组织的战略计划。这包括对战略计划中所涵盖的业务领域、目标市场、产品与服务方向等方面的深入研究。通过这一过程，规划者能够洞悉组织在特定时间框架内的重要发展方向，为科技信息资源的规划提供具体的战略支持。

再次，对组织的业务需求的详尽了解也是确保规划一致性的关键因素。规划者需要充分了解组织当前的业务运作模式、核心业务需求及面临的挑战。这有助于将科技信息资源规划与实际业务需求相结合，使其能够更好地满足组织的具体业务要求。

最后，对未来发展方向和市场趋势的分析也是深入理解愿景和战略方向的重要组成部分。规划者需要关注行业的发展趋势、市场竞争格局及新兴技术的涌现。通过对未来的趋势进行科学的研判，规划者能够使科技信息资源规划更具前瞻性和适应性。

2.发展方向与组织目标协同

确保科技信息资源规划与组织整体战略协同是关系到组织可持续发展的至关重要的环节。这不仅仅是一项任务，更是确保资源规划在组织发展中成为有力支撑的战略性使命。其中的关键在于将科技信息资源的发展路径与组织的战略目标有机地融为一体，以实现资源的长远发展和组织目标的一致性。

协同发展方向与组织目标需要始于对组织整体战略的深刻理解。规划者应当全面把握组织的愿景、使命及长远战略方向，以确保科技信息资源的规划能够与这些要素相契合。这不仅包括对组织当前业务需求的理解，还需要对未来发展方向、市场趋势等进行前瞻性的分析，以使规划更具战略导向性。

在协同的过程中，发展方向与组织目标的有机结合是关键一环。科技信息资源的发展路径应当无缝融入组织的整体战略框架中，而不是孤立存在。这需要规划者与组织高层密切协作，确保资源规划不仅仅是一个技术性的计划，更是与组织战略相辅相成的一部分。通过对组织目标的深入理解，规划者能够调整科技信息资源的发展方向，使其更好地服务于组织的整体战略需求。

组织战略现实的关键是对组织目标进行详尽的解读和分析。规划者需要明确了解组织设定的战略目标，这可能包括业务增长、市场份额提升、客户满意度提高等具体指标。通过深入研究这些目标，规划者可以调整科技信息资源的规划方案，使其更有针对性地支持组织的战略实现。这种有机结合是为了确保科技信息资源的发展不仅仅是技术性的提升，更是为了更好地促进组织整体战略目标的实现。

在协同发展方向与组织目标的实施过程中，需要强调科技信息资源的发展是为了服务组织整体战略的实现，而非孤立的技术进步。规划者必须使科技信息资源的投入和发展直接促进组织整体战略目标的实现，而非仅仅追求技术的先进性。这有助于确保资源规划对组织整体发展的积极支持，提升科技信息资源在组织中的价值和地位。

（二）合规性与合法性原则

1.法规政策考虑

在科技信息资源规划的过程中，充分考虑相关法规政策是确保规划方案的合法性和合规性的至关重要的环节。这要求规划者在制定和实施规划方案时，必须全面了解并遵循与科技信息资源管理相关的各项法规政策，以建立一个合法、规范运作的管理体系，从而确保科技信息资源的可持续发展。

首先，信息安全法规是科技信息资源规划中不可忽视的法规之一。规划者需要深入了解国家和地区的信息安全法规，以确保科技信息资源的规划与其要求相一致。这包括但不限于数据隐私保护、网络安全管理等方面的法规要求。合规的规划可以有效降低信息泄露和网络攻击的风险，从而确保科技信息资源的安全可控。

其次，知识产权法律也是一个关键的考虑因素。在规划科技信息资源的发展方向时，规划者必须考虑到相关知识产权的法规要求，包括专利、商标、著作权等方面。遵循这些法规可以保护科技信息资源的知识产权，防止侵权行为的发生，从而为其长远的发展提供法律保障。

最后，其他涉及科技信息资源管理的法规政策也需要得到充分考虑。这可能包括数据保护法规、电子商务法规等。规划者需对这些法规进行深入研究，以确保规划方案在法规范围内运作，从而使其不仅满足法律的要求，也能够提高科技信息资源的规范运作水平。

保障科技信息资源的规范运作不仅仅是一项法律要求，更是确保其可持续发展的前提。合规性的规划能够降低法律风险，提高科技信息资源的信誉度，为其在竞争激烈的市场中稳健发展奠定基础。因此，在规划过程中，将法规政策的考虑融入其中，不仅有助于确保规划的合法性，也有助于构建一个健康、有序的科技信息资源管理环境，推动其可持续发展。

2. 法律合规性

确保法律合规性在科技信息资源规划中扮演着至关重要的角色。合规性的原则要求在规划的每一个步骤中都要严格遵守法律法规的规定。合规性包括但不限于信息安全法规、知识产权法律等方面，其旨在确保规划的每个环节都在法律的框架内操作。

合法性的原则则更为突出规划方案本身的合法性，其目标在于防范潜在的法律风险。在规划的设计和实施阶段，必须认真审查规划方案，确保其不仅在操作层面合规，而且在整体结构上也是合法的。这意味着规划者需要确保制定的策略、目标和实施计划都与现行法规相一致，从而有效降低组织可能面临的法律风险。

建立一个可信赖的科技信息资源管理体系是确保法律合规性的关键步骤。这需要在规划过程中明确制定符合法规要求的标准和流程，以确保整个信息资源的生命周期都能够遵守相关法律法规。同时，规划者需要时刻保持对法规的敏感性，及时调整规划以适应法规的变化，以确保科技信息资源的管理一直保持在法律的合规框架内。

增强组织在信息领域的法律合规性不仅仅是一项义务，更是为构建组织信誉和可持续发展创造的重要条件。通过确保规划的合法性和合规性，组织能够建立在法律框架内稳健运作的声誉，减轻潜在法律纠纷的风险，提高其在信息领域的影响力。

在当今信息社会中，法律合规性不仅仅是遵循法律规定的义务，更是一项战略性的选择。合法合规的科技信息资源规划将有助于推动组织在信息领域的发展，为组织提供法律上的支持和保障。通过建立可信赖的法律合规性管理体系，组织能够更好地适应法规的变化，降低法律风险，为科技信息资源的可持续发展创造有利条件。

（三）系统性与科学性原则

1.规划流程的系统性

科技信息资源规划流程的系统性是确保规划全面性和科学性的关键。规划过程应当被构建成一个有机整体，各个环节，包括需求调研、资源评估、目标设定、策略制定、实施和监测，都应当相互关联，形成一个无缝衔接的系统。这种系统性有助于使规划不再是零散的步骤，而是一个紧密结合的有机整体。

需求调研是规划流程中的关键步骤之一。系统性的规划要求在需求调研阶段充分了解组织的业务需求、信息需求及未来发展方向。这不仅仅是一个独立的调研，更是规划整体流程的起点，其为后续环节提供了基础数据和信息。

在资源评估阶段，系统性规划要求将需求调研所获得的信息与现有资源进行有机关联。这包括对科技信息资源的现状、可用性、可行性等进行评估。通过系统性的资源评估，规划者能够更好地了解组织现有的信息资源状况，从而为其制定科学的规划提供实际依据。

目标设定是规划的核心环节之一，需要对其进行系统考量。在这个阶段，规划者应当将需求调研和资源评估的结果有机地结合在一起，以确保制定的目标既符合组织的需求，又在资源上可行。系统性的目标设定有助于确保规划的整体一致性和可操作性。

策略制定是规划中的关键步骤之一，系统性规划要求将设定的目标与实际策略相互关联。科技信息资源规划的策略应当综合考虑业务需求、资源状况、市场趋势等多方面因素，以形成一个有机的战略体系。

实施和监测作为规划的最后两个环节，同样需要系统性地考虑。在实施阶段，规划者需要确保制定的策略能够顺利地转化为实际操作，并且能够满足组织的实际需求。监测阶段则要求对实施过程和结果进行系统性的评估，以及时调整规划中的不足之处，从而确保规划的科学性和实效性。

2.科学方法和工具的运用

在科技信息资源规划中，科学性的原则强调采用科学方法和工具，如SWOT分析（优势、劣势、机会、威胁分析）、PESTLE分析（政治、经济、社会、技术、法律、环境分析）等，以确保规划的科学性和可操作性。这一科学性的追求旨在使规划过程更为系统和全面，充分考虑资源管理的各个方面，从而达到科学合理的效果。

采用科学方法和工具的核心在于SWOT分析。通过SWOT分析，规划者能够深入了解科技信息资源规划中的内部优势、劣势及外部机会、威胁。这种系统性的分析帮助规划者全面把握资源的现状，从而更好地制定目标和策略，使规划更具科学性。

PESTLE 分析作为科学方法的补充，强调在规划中全面考虑外部环境的因素。政治、经济、社会、技术、法律、环境等六大方面的分析有助于规划者全面了解外部环境对科技信息资源的影响。通过 PESTLE 分析，规划者可以更加准确地预测外部环境的变化，从而为规划的制定提供更为科学的基础。

采用这些科学方法和工具的目的在于确保规划的可操作性。科学性的规划不仅关注内外部环境的全面性分析，更注重如何将这些分析转化为实际可行的战略和行动计划。通过科学的方法和工具，规划者能够更清晰地了解组织的优势和劣势，及时发现机会和威胁，从而制定出更为科学和实际的规划方案。

二、科技信息资源规划的方法与工具

科技信息资源规划的方法与工具是确保规划有效性的重要组成部分，以下详细介绍常用的方法和工具（图 3-2）：

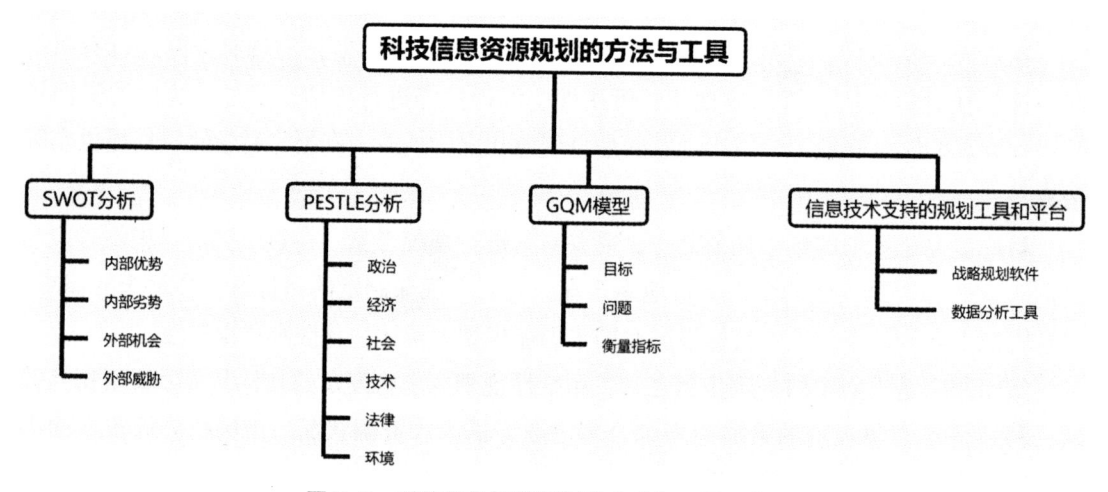

图 3-2 科技信息资源规划的方法与工具架构图

（一）SWOT 分析

SWOT 分析是科技信息资源规划中常用的方法，是对资源的优势、劣势、机会和威胁进行的全面分析。在进行 SWOT 分析时，规划者可以深入挖掘科技信息资源的内部优势，如技术实力、人才团队等，同时识别劣势，如技术滞后、人员短缺等。通过分析外部环境，规划者可以发现潜在的机会和威胁，为规划提供有利的依据。SWOT 分析有助于规划者全面了解资源的现状，从而更好地制定目标和策略。

（二）PESTLE 分析

PESTLE 分析是对政治、经济、社会、技术、法律、环境等六大方面的分析，以深入了解外部环境对科技信息资源的影响。在政治方面，规划者可以分析政府政策对科技信息资源的影响；在经济方面，可以了解市场趋势和经济环境；社会方面关注社会文化对资源的影响；技术方面考虑新技术的应用；法律方面确保规划的合规性；环境方面关注环境可持续性。PESTLE 分析有助于规划者更好地应对外部环境的变化，提高规划的适应性和灵活性。

（三）GQM 模型

GQM 模型（Goal-Question-Metric）是一种明确规划目标、问题和衡量指标的方法。通过 GQM 模型，规划者可以明确规划的目标，提出关键问题，并设计具体的衡量指标。这有助于规范规划过程，确保规划目标的明晰和可测量性。GQM 模型的使用可以使规划更有针对性和操作性。

（四）信息技术支持的规划工具和平台

信息技术工具的正确使用是提高规划效率和提升其科学性的重要途径。战略规划软件、数据分析工具等工具可以帮助规划者进行大规模数据分析、可视化规划等。这些工具提供了更高效的数据处理和分析手段，有助于规划者更好地理解资源的情况，从而制定更为科学的规划方案。

第二节 科技信息资源的结构设计

科技信息资源的结构设计需要考虑以下几个方面（图 3-3）：

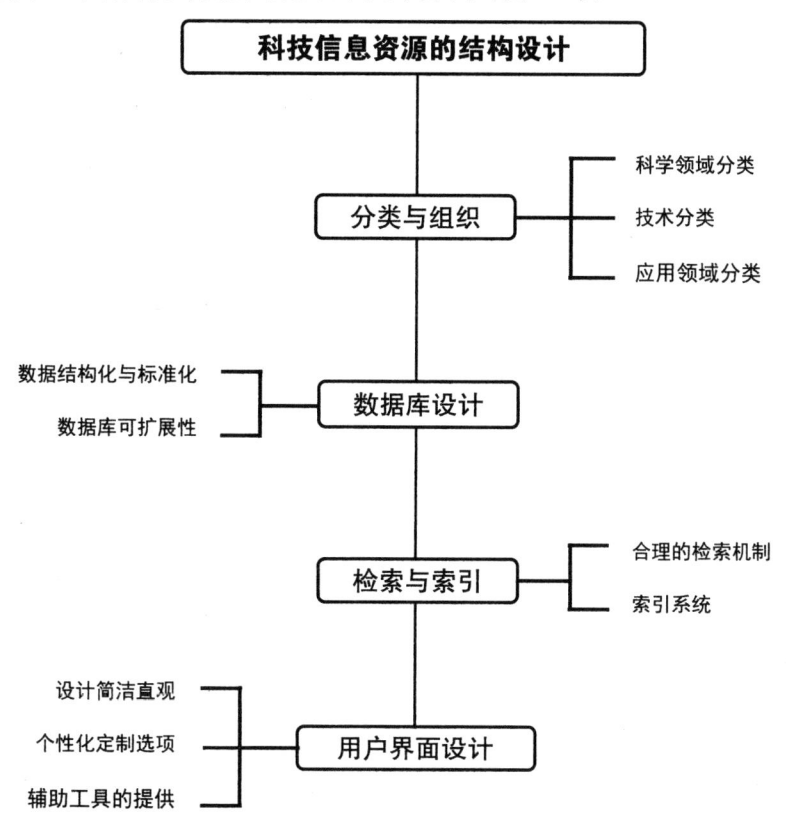

图 3-3 科技信息资源的结构设计架构图

一、分类与组织

（一）科学领域分类

科技信息资源的结构设计中，科学领域分类是至关重要的方面。科学领域分类体系的建立，能够更好地组织信息资源，为用户提供清晰的结构。在这个过程中，可以采用细致的科学领域分类，以便用户能够根据具体需求迅速定位信息。

1. 医学领域分类

医学领域的科学领域分类可以进一步划分为临床医学、生物医学、药学等不同的子领域。临床医学可以包括各个医学专科；生物医学涵盖生物医学工程、生物信息学等；而药学则可以涉及药物研发和药理学等方面。这样的分类使得用户能够更具体地选择与其关注领域相关的信息。

2. 工程技术领域分类

工程技术领域的科学领域分类包括计算机科学、电子工程、材料科学等多个子领域。计算机科学可以进一步划分为人工智能、软件工程等；电子工程可以包括通信工程、电力系统工程等；而材料科学则可以包括材料工程、纳米材料等。这样的分类有助于用户更准确地获取特定技术领域的信息。

3. 农业科学领域分类

农业科学领域的科学领域分类可以涵盖农业工程、植物科学、动物科学等多个方面。农业工程可以包括农业机械、灌溉工程等；植物科学可以进一步划分为作物学、园艺学等；而动物科学可以包括畜牧学、动物营养学等。这样的分类使得农业科学领域的信息更具体和具有可操作性。

（二）技术分类

科技信息资源涵盖了多个技术领域，对这些领域进行有效的技术分类有助于用户更有针对性地搜索和浏览相关技术信息。

1. 计算机科学技术分类

计算机科学领域的技术分类包括人工智能、数据科学、网络技术等。人工智能技术可以涉及机器学习、自然语言处理等；数据科学技术可以包括数据分析、数据挖掘等；而网络技术可以包括网络安全、云计算等。这样的技术分类使得用户能够更方便地找到与其关注技术领域相关的信息。

2. 电子工程技术分类

电子工程领域的技术分类包括通信工程、电力系统工程、电子设计等。通信工程技术可以涉及无线通信、光纤通信等；电力系统工程技术可以包括电力系统优化、电网规划等；而电子设计技术可以包括电路设计、芯片设计等。这样的技术分类使得用户能够更有针对性地获取电子工程领域的具体技术信息。

3. 材料科学技术分类

材料科学领域的技术分类包括材料工程、纳米材料等。材料工程技术可以涉及材料性能测试、材料加工等；纳米材料技术可以包括纳米材料制备、纳米材料应用等。这样的技术分类有助于用户更精准地获取材料科学领域的相关技术信息。

（三）应用领域分类

应用领域分类是结构设计中的重要组成部分，通过对科技信息资源进行应用领域分类，用户能够更准确地找到与其关注领域相关的信息。

1. 医疗应用领域分类

医疗应用领域的分类包括医学影像、健康信息技术等。医学影像可以进一步划分为X光、MRI等；健康信息技术可以包括电子健康记录、医疗大数据等。这样的分类有助于用户更具体地选择医疗应用领域的相关信息。

2. 工业应用领域分类

工业应用领域的分类包括制造业、能源产业等。制造业可以涉及工业自动化、智能制造等；能源产业可以包括可再生能源、能源管理等。这样的分类使得用户能够更有针对性地获取工业应用领域的相关信息。

3. 农业应用领域分类

农业应用领域的分类包括农业机械、智能农业等。农业机械可以涉及拖拉机、收割机等；智能农业可以包括农业物联网、农业机器人等。这样的分类使得用户更容易找到与农业应用领域相关的信息。

4. 教育应用领域分类

教育应用领域的分类包括教育技术、在线教育等。教育技术可以涉及虚拟现实教学、智能教育系统等；而在线教育可以包括远程教育、在线课程等。这样的分类有助于用户更有针对性地获取教育应用领域的相关信息。

二、数据库设计

（一）数据结构化与标准化

科技信息资源的数据库设计中，数据结构化与标准化是确保信息有序存储和管理的基本原则。这一过程要求对数据进行良好的组织和定义，以确保信息以统一的方式存储。在实践中，采用统一的数据字典是一种有效的方法，这种方法通过明确各个数据字段的含义和属性，使得数据的结构更加清晰和可理解。

1. 统一的数据字典

在数据库设计中，建立统一的数据字典是实现数据结构化与标准化的关键步骤。数据字典记录了数据库中使用的所有数据项及其定义，包括数据类型、长度、取值范围等信息。使用统一的数据字典，可以确保不同部门或用户对数据具有一致的理解，减少数据误解和混淆的可能性。例如，在实验数据的数据库中，可以定义各个实验变量的数据类型、测量单位等，以保障数据的准确性和一致性。

2. 数据字段的含义和属性

每个数据字段都应具有清晰的含义和属性，以确保数据在数据库中的正确使用。在科技信息资源的数据库设计中，不同类型的信息可能涉及各种属性，如作者、时间、地点等。为每个数据字段定义明确的含义和属性，可以提高数据的可理解性和可维护性。例如，在文献资源的数据库设计中，可以明确定义作者字段的格式、时间字段的标准等，以确保信息的一致性和可查询性。

（二）数据库可扩展性

在科技信息资源的结构设计中，数据库的可扩展性是一项至关重要的考虑因素。随着科技信息的不断增长，数据库需要能够灵活扩展，以容纳更多的信息并应对未来的变化。保障系统长期健康运行的关键在于采用合适的数据库设计模式和技术，以确保数据库在不影响性能的前提下能够持续扩展。

1. 数据库设计模式

选择合适的数据库设计模式是保障数据库可扩展性的关键。常见的数据库设计模式包括关系型数据库、文档型数据库、图形数据库等。在科技信息资源的数据库设计中，可以根据信息的性质和关系选择合适的数据库设计模式。例如，对于结构化的实验数据，关系型数据库可能更适合；而对于文本型信息，文档型数据库可能更具优势。

2. 数据库技术支持

利用先进的数据库技术是确保数据库可扩展性的另一重要因素。数据库分区、垂直切分、水平切分等技术都可以应用于科技信息资源的数据库设计中，以实现数据的有效管理和快速检索。同时，采用集群技术和云计算等现代化技术，可以进一步提升数据库的可扩展性，使其能够适应未来信息量的不断增长。

三、检索与索引

（一）合理的检索机制

科技信息资源的结构设计中，建立合理的检索机制是确保用户能够方便地搜索和获取所需信息的基本要求。检索机制应考虑到信息资源的属性，以及用户的多样化需求，为用户提供灵活、高效的检索途径。

1. 关键词检索

关键词检索是最常见的检索方式之一，用户可以通过输入与信息相关的关键词来查找相关资源。在设计关键词检索时，系统需要考虑到同义词、词根词缀的处理，以提高检索的准确性。例如，对于医学领域的信息资源，可以考虑将"心脏病"和"心脏疾病"视为同一关键词。

2.属性检索

除了关键词检索外,根据信息资源的属性建立相应的检索方式也是重要的。例如,用户可以通过选择特定的作者、时间范围或科学领域来进行检索。这种方式有助于用户更精准地定位所需信息,以提高检索的精度。

3.个性化检索

考虑到用户个性化的需求,结构设计应该支持个性化检索。这可以通过用户历史检索记录、个人兴趣标签等方式来实现。个性化检索能够更好地满足用户的个性化信息需求,提高用户体验。

(二)索引系统

为了提高检索效率,建立完善的索引系统是不可或缺的。索引系统应基于不同的属性或关键词,帮助用户迅速定位到所需信息,从而加速检索进程。

1.属性索引

针对信息资源的各项属性,建立相应的属性索引是索引系统的基础。例如,在文献资源中,索引系统可以建立作者索引、时间索引等,使用户能够通过选择具体的属性进行检索。

2.关键词索引

关键词索引是索引系统的核心,通过对文本内容进行关键词提取和索引建立,提高了信息资源的检索效率。关键词索引可以包括主题词、专业词汇等,确保用户能够通过关键词准确获取相关资源。

3.多层次索引

考虑到信息资源的复杂性,建立多层次的索引系统有助于更全面、细致地组织信息。多层次索引可以根据科技信息的领域、类型、应用等维度进行构建,使用户能够更灵活地进行检索。

四、用户界面设计

(一)设计简洁直观

科技信息资源的用户界面设计应以简洁直观为原则,以提升用户的使用体验。清晰的布局和简洁的导航是实现这一目标的关键,通过它用户能够轻松理解和操作界面,快速定位所需信息。

1.清晰的布局

在科技信息资源的用户界面设计中,清晰的布局是确保用户能够迅速理解信息结构的一项重要手段。清晰的布局旨在通过合理的信息分类和组织方式,使用户能够清晰地了解不同科技领域、技术分类或应用领域的信息分布,从而提高用户的浏览效率。

首先,清晰的布局采用分块和分栏等设计元素,这有助于将相关信息有序地呈现在用户面前。将不同科技领域的信息划分为清晰的块状区域，用户能够直观地了解各个领域的特点和内容。这种布局方式有助于降低用户的认知负担，使其更容易找到感兴趣的信息。

其次，清晰的布局有助于信息的层次化呈现。通过合理的组织结构，用户可以清晰地了解信息的层次关系，从而更好地理解不同信息之间的联系。例如，在科技领域的分类中，可以采用层次结构，将一级分类细分为二级、三级分类，从而使用户能够逐级深入了解相关信息，提高信息的查找效率。

最后，清晰的布局还可以通过采用直观的图形元素和符号，使用户更容易理解信息的结构和关系。例如，采用图表、标签等元素，为用户提供更具可视化的界面，使用户能够通过简单的视觉识别就能理解信息的布局和分类。

2.简洁的导航

在科技信息资源的用户界面设计中，简洁的导航系统是确保用户能够快速定位所需信息的关键因素。用户在浏览科技信息资源时，需要通过直观且易于理解的导航元素，如导航菜单和搜索栏等，来实现快速导航和信息查找。这种简洁的导航设计有助于降低用户的学习成本，提高整体使用效率。

直观的导航菜单是简洁导航的核心。通过合理的分类和组织，设计清晰的导航菜单，用户能够迅速了解科技信息资源的主要分类和功能。导航菜单应该简洁明了，避免繁琐的层级结构，使用户能够一目了然地找到所需信息，以降低信息查找的时间和认知负担。

搜索栏的设计也是简洁导航的关键。提供一个直观且高效的搜索栏，使用户能够通过输入关键词或短语快速检索所需信息。搜索结果应该以简洁的形式展示，以帮助用户迅速定位相关信息。此外，搜索功能还可以提供智能提示和自动完成等辅助功能，从而提高用户的搜索效率。

简洁的导航系统不仅体现在界面元素的设计上，还包括导航路径的简单性。用户在使用科技信息资源时，应该能够通过直观的导航路径返回到之前的状态或进入下一个状态。导航路径的简单明了有助于用户理解系统的结构，提高用户对科技信息资源的整体把握。

（二）个性化定制选项

为提高用户满意度，结构设计应考虑提供个性化定制选项，使用户能够根据个人需求设定偏好，从而更好地满足个性化需求。

1.科学领域和技术分类定制

在科技信息资源的用户界面设计中，为用户提供科学领域和技术分类的个性化定制功能，是一项有益于提升用户体验的关键设计元素。这种个性化定制允许用户根据自己的兴趣和需求，设定关注的科学领域和技术分类，从而实现个性化的信息推送。

用户可以根据自身的兴趣爱好和专业领域，选择关注的科学领域。例如，用户可能对生物医学、物理学或工程技术等特定的科学领域感兴趣。通过在界面上提供清晰的科学领域选择选项，用户能够方便地定制自己的信息关注范围。

技术分类的个性化定制也是用户体验的重要组成部分。科技信息资源涵盖了众多技术领域，如计算机科学、电子工程、材料科学等。用户可以根据自己的专业背景或关注点，选择特定的技术分类进行个性化定制。这样，用户将更容易获取到与其专业领域相关的最新研究成果和技术进展。例如，一位对计算机科学感兴趣的用户可以在个性化设置中选择关注计算机科学领域，并接收与计算机科学相关的信息推送，包括最新的研究论文、技术趋势和创新成果。这种个性化定制不仅提高了用户获取信息的效率，也增强了用户对科技信息资源的个性化感知。

个性化定制的另一个重要方面是系统能够根据用户的历史偏好和点击行为进行智能推荐。通过分析用户的浏览记录和关注领域，系统可以向用户推送更符合其兴趣的内容，这种个性化的信息服务，可以增进用户对科技信息资源的满意度。

2. 个人兴趣标签

在科技信息资源的用户界面设计中，提供个人兴趣标签的设定功能是一项有益于增强用户个性化体验的重要设计元素。通过允许用户标记和关注特定主题或关键词，系统可以更准确地理解用户的兴趣和偏好，从而实现更智能化、定制化的信息服务。

首先，个人兴趣标签的设定功能允许用户自主选择和定义与其个人兴趣相关的关键词或主题。这可以通过提供一个用户友好的标签编辑界面，让用户添加、编辑和管理自己的兴趣标签来实现。用户可以根据自身的专业领域、学术兴趣、行业关注点等设定多个兴趣标签，以全面反映其个性化的信息需求。

其次，系统可以利用用户设定的个人兴趣标签，向其推送与标签相关的信息内容。通过分析用户的标签选择，系统可以识别用户感兴趣的主题和领域，并向其提供相应的科技信息资源，包括相关论文、新闻、研究进展等。这种智能化的信息推送使用户能够更迅速、精准地获取到符合其个性化需求的内容，从而提升信息的个性化适配度。

最后，个人兴趣标签还可以作为系统智能推荐的重要依据之一。通过监测用户在平台上的行为和标签的设定，系统可以建立用户画像，并运用推荐算法为用户推荐更符合其兴趣爱好的内容。这种智能推荐不仅提高了用户发现新知识的效率，也增进了用户与科技信息资源平台的互动体验。

（三）辅助工具的提供

为提高用户使用效率，科技信息资源的结构设计可以考虑提供一些辅助工具，增强用户体验。

1. 推荐系统

建立个性化推荐系统是科技信息资源结构设计中的一项关键举措，旨在通过深度分析用户的历史行为记录，包括检索记录、下载记录和浏览行为，为用户提供更为个性化和符合其兴趣偏好的科技信息资源推荐服务。

首先，个性化推荐系统通过跟踪用户在科技信息资源平台上的活动，建立了用户的行为画像。这包括用户的检索关键词、下载的文献、浏览的论文等多方面的信息，从而全面了解了用户的兴趣领域、学术关注点和行为习惯。这样的用户画像构建为个性化推荐提供了坚实的基础。

其次，基于建立的用户画像，个性化推荐系统采用先进的推荐算法进行分析和计算。这些算法可以通过协同过滤、内容过滤等技术，挖掘用户与其他具有相似兴趣的用户之间的关联，或者通过分析科技信息资源的内容特征，实现对资源的精准匹配。这一过程是系统根据用户的兴趣和偏好，预测其可能感兴趣的科技信息资源，并为用户进行个性化推荐的关键步骤。

最后，个性化推荐系统还具备实时性和动态性。系统不断学习和更新用户的兴趣模型，确保推荐结果与用户当前的需求和兴趣保持一致。这通过实时监测用户行为、反馈信息及动态更新算法模型来实现，使得推荐系统能够更加灵活地适应用户兴趣的变化。

2. 专家导航

专家导航是一项为用户提供深度信息引导的关键功能，通过由领域专家或科研导师精心推荐的研究方向、重要文献等，用户可以更深入地了解某一领域的前沿动态，从而提高其信息获取的深度和广度。

首先，专家导航系统建立在专家对特定领域的深刻理解和研究经验之上。这些专家不仅在学术领域有着卓越的成就，还对领域内的重要研究方向、前沿问题和经典文献有深刻认识。通过将这些专家的知识和见解纳入导航系统，用户可以借助专家的引领，更加精准地了解领域内的学术热点和未来趋势。

其次，专家导航系统具有个性化的特色。由于不同用户在科研兴趣、学术需求等方面存在差异，专家导航系统可以根据用户的个人特点和关注领域，为其量身定制推荐。这种个性化的服务有助于用户更有针对性地选择关注的专家和研究方向，这就提高了导航系统的实用性和用户满意度。

最后，专家导航系统还可以通过与用户的互动不断学习和优化。通过分析用户对专家推荐的反馈，系统可以了解用户的偏好和变化，从而不断调整推荐策略，以确保推送的信息更符合用户的兴趣和需求。这种动态的学习和优化机制使专家导航系统能够保持与用户需求的紧密契合。

第三节 科技信息资源的开发与利用

一、开发过程中的关键步骤与方法

开发过程中的关键步骤与方法如下（图3-4）：

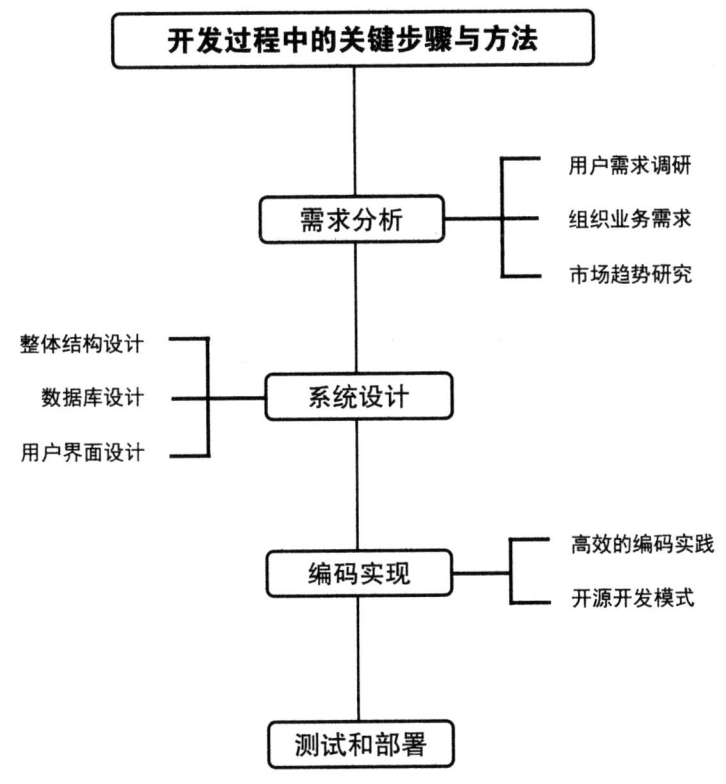

图 3-4 开发过程中的关键步骤与方法架构图

（一）需求分析

在科技信息资源的开发过程中，需求分析是至关重要的一步。其深入了解用户需求、组织业务需求和市场趋势，能够明确资源的功能、性能和用户体验要求。需求分析采用敏捷开发方法，强调与用户的密切合作，通过迭代和反馈不断调整需求，确保资源开发能够充分满足用户期望。需求分析的过程包括：

1.用户需求调研

通过与最终用户的直接沟通和调研，组织可以深入了解用户对科技信息资源的期望和需求，包括他们的使用场景、功能需求、界面偏好等方面的信息。

2.组织业务需求

同时，对组织的业务需求进行分析，确保科技信息资源能够有效支持组织的核心业务。这可能涉及特定领域的数据分析、资源管理等方面的需求。

3. 市场趋势研究

科技信息资源的开发应该顺应市场趋势，组织通过研究相关领域的最新发展，确保资源的功能和性能能够保持竞争力。

（二）系统设计

系统设计阶段涉及资源的整体结构、数据库设计、用户界面设计等方面。通过采用先进的设计理念和方法，组织能够确保资源具有清晰的架构、高效的数据库结构和用户友好的界面。这有助于提高资源的可维护性和扩展性。系统设计包括：

1. 整体结构设计

定义科技信息资源的整体架构，包括各个模块的关系和交互方式。这有助于确保资源的模块化和可拓展性。

2. 数据库设计

设计高效的数据库结构，包括数据表的设计、索引的建立等。合理的数据库设计有助于提高资源的数据存储和检索效率。

3. 用户界面设计

采用用户体验设计原则，设计用户友好、直观的界面，提高用户对科技信息资源的使用满意度。

（三）编码实现

在编码实现阶段，采用高效的编码实践，确保资源的稳定性和性能。同时，开源开发模式可以促使资源的共建与共享，吸引更多开发者参与，推动资源的不断优化和更新。编码实现包括：

1. 高效的编码实践

在科技信息资源的开发过程中，高效的编码实践是确保资源代码质量和可维护性的重要方面。通过采用规范的编码规范和最佳实践，开发团队能够提高代码的可读性、可维护性，并减少潜在的错误和问题。

采用规范的编码规范是保障代码一致性和易读性的关键。定义清晰的命名规范、缩进风格、注释标准等，使得代码在整个开发团队中保持一致性，这能够降低团队协作的难度。同时，规范的编码风格还有助于减少潜在的错误，能够提高代码的质量。

最佳实践的采用可以提高代码的性能和可维护性。合适的设计模式、数据结构和算法，使得代码更加高效。同时，引入单元测试和持续集成等最佳实践，也能确保代码在不断地迭代中保持稳定性，减少潜在的缺陷。

高效编码实践还包括代码重构，定期的重构可以优化代码结构，提高代码的可读性和灵活性。这有助于应对需求变化和技术演进，使得科技信息资源能够保持长期的健康发展。

2.开源开发模式

在科技信息资源的开发中,采用开源开发模式是一种重要的策略,它通过利用开源社区的力量,将科技信息资源以开源的方式发布,并鼓励其他开发者参与共同完善资源的功能和性能。

开源开发模式的核心理念在于开放资源的源代码,使其对所有开发者都可见和可访问。这种透明度带来了众多好处,其中之一是吸引了更广泛的开发者群体参与到资源的开发过程中。不同领域的专业人士和爱好者可以通过开源社区贡献他们的技能和经验,共同推动资源的不断优化和更新。

我们通过开源方式发布科技信息资源,不仅促进了资源的共建和共享,还加速了问题的发现和解决。开发者可以通过开源社区的反馈机制及时了解用户的需求和发现潜在的缺陷,从而更迅速地进行修复和改进。

同时,开源开发模式还有助于资源的长期维护。即便原始开发团队有所变动或项目主导者变更,开源社区中的其他开发者仍然可以继续维护和更新资源,以确保其适应新的技术和需求变化。

(四)测试和部署

在科技信息资源的开发过程中,测试和部署是确保资源质量和稳定性的关键阶段。这一阶段涉及单元测试、集成测试、系统测试及有效的上线策略,旨在保证科技信息资源能够正常运行并安全可靠地提供服务。

首先,单元测试是开发过程中的一个重要环节,它通过对资源的各个模块进行单元测试,验证其功能的正确性。这有助于在早期发现和解决潜在的问题,从而确保每个模块都能够独立地按照设计要求运行。

其次,集成测试将各个模块进行集成,测试它们之间的协同工作。使用者通过模拟真实运行环境的方式,确保各个模块的交互不会导致不稳定或不一致情况的发生。这有助于提前发现模块之间的集成问题,从而确保整体功能的协调运行。

再次,系统测试是对整个科技信息资源进行全面测试的阶段,包括性能测试、安全性测试和稳定性测试。通过模拟实际用户的使用情境,使用者可以验证资源在各种情况下的表现,以确保其能够满足用户的需求,并保持高效、安全、稳定。

最后,有效的上线策略对于资源的部署和用户体验至关重要。制定合理的上线策略,例如渐进式上线、灰度发布等,可以最小化潜在的影响,从而确保用户能够顺利访问到最新版本的资源,同时减少潜在的故障风险。

二、用户培训与科技信息资源的有效利用

(一)培训内容设计

用户培训在科技信息资源的有效利用中扮演着至关重要的角色。为确保培训的全面性

和有效性，培训内容的设计至关重要。以下是针对培训内容设计的一些建议和重要考虑因素：

首先，科技信息资源的培训内容应该涵盖多个层面，以确保用户能够全面了解资源的结构、功能和使用方法。其中，基本操作是培训的初始阶段，其着重介绍资源的基础功能和常用操作，以帮助用户迅速上手。这包括登录、检索、下载等基本操作，这一培训确保用户在使用资源时能够熟练地进行常规操作。

其次，高级检索技巧是培训的一个关键方面，通过教授用户如何使用高级检索功能，包括使用布尔运算符、限定检索范围、设置检索条件等，帮助用户提高信息检索的准确性和效率。培训还应该涵盖数据分析方法，这一方法引导用户了解如何有效地利用资源中的数据进行科研分析。其可能包括数据可视化、统计分析等方面的内容，它们可以帮助用户更深入地挖掘资源中蕴含的信息。

再次，为了提供更灵活的学习方式，培训可以利用在线培训平台。在线培训平台可以提供多媒体教材、实例演示等内容，能够满足不同用户的学习需求。这种灵活的培训方式可以随时随地进行学习，同时还能通过多样化的教学手段更好地传递培训内容。

最后，定期组织培训活动也是保障用户持续关注和使用科技信息资源的有效途径。这包括线上和线下形式的培训活动，通过及时地更新和推送，用户可以了解资源的最新功能和工具。定期培训活动有助于保持用户对资源的热情和使用动力，从而确保他们能够紧跟资源的发展。

（二）提高使用效率

通过科技信息资源的培训，用户可以更好地理解资源的结构和功能，从而显著提高其在使用过程中的效率。培训的关键在于向用户传递有关资源各个方面的知识，使其能够熟练运用资源的各种功能，充分满足信息需求。

首先，培训有助于用户深入了解科技信息资源的结构。通过详细介绍资源的组织方式、分类标准及内部关系，用户能够更清晰地理解信息资源的整体框架。这有助于在实际使用中迅速定位所需信息，提高操作效率。培训还可以强调资源的分类与组织原则，使用户能够更加灵活地利用资源的层次结构，迅速找到感兴趣的内容。

其次，培训通过引导用户充分利用资源的各种功能，促使其更全面地满足用户的信息需求。这包括高级检索技巧、数据分析方法等方面的培训内容。高级检索技巧的掌握可以使用户在海量信息中迅速找到目标，减少信息检索的时间成本。同时，对数据分析方法的培训有助于用户更深入地挖掘资源中的信息，实现对数据的深度解读和应用。

最后，培训还可以强调科技信息资源的多样性和复杂性，引导用户在使用过程中善于结合不同功能，灵活运用工具，以更高效的方式获取信息。培训中的实例演示和案例分析可以帮助用户更好地理解各种功能的实际应用场景，激发其主动探索资源功能的兴趣。

（三）在线培训平台

在线培训平台是一种灵活而高效的培训方式，其设计能够满足用户的时间和地点需求，这些平台还提供多样化的教育资源，能够更好地传递培训内容。

首先，在线培训平台的灵活性为用户提供了更自主的学习体验。用户可以根据自己的时间安排，在合适的地点进行学习，无需受制于传统培训的时间和地点的限制。这种自主性使得用户更容易融入培训过程，提高学习的积极性和提升学习效果。在线培训平台也适应了现代社会中人们对于灵活学习方式的需求，提升了培训的适用性和普及度。

其次，在线培训平台提供多媒体教材和实例演示，使得培训内容更生动直观。通过视频、图文等多种形式的教学材料，用户能够更直观地了解科技信息资源的使用方法和技巧。实例演示可以帮助用户在实际场景中模拟操作，增强学习的实践性和深度。这种多样化的教学资源有助于满足不同用户的学习偏好，提高培训的效果和增强培训的吸引力。

最后，在线培训平台还支持互动性学习，通过在线讨论、问答环节等形式，用户可以与培训师和其他学员进行交流。这种互动性培训模式有助于解决用户在学习过程中遇到的问题，促使其更深入地理解培训内容。同时，用户还能够分享使用经验，形成学习社群，增强学员之间的合作与交流。

（四）定期培训活动

定期组织培训活动是科技信息资源管理中的一项重要措施，通过线上和线下形式的培训，能够及时更新用户对科技信息资源的认知，从而引导他们充分利用新功能和工具，实现对资源的持续关注和使用。

首先，定期组织培训活动，可以及时向用户介绍科技信息资源的新功能和工具。科技领域不断发展，资源的更新和升级是常态。定期培训可以及时向用户传达这些变化，确保他们能够充分了解和掌握新功能，从而更好地满足其信息需求。这有助于提升用户在资源利用过程中的体验和效率。

其次，线上和线下形式的培训活动可以满足不同用户的需求和偏好。线上培训通过网络平台进行，这能够方便用户根据自身时间和地点选择参与，提高了培训的便捷性。而线下培训则可以提供更直接的交流和互动机会，这使得用户能够面对面地解决问题、交流经验，加强与其他用户和培训师的联系。

最后，定期培训活动可以帮助用户建立起一个稳定的用户社群。用户在培训中相互交流经验、分享使用技巧，形成一个良性的学习和合作氛围。这有助于用户之间的互助和学习，还有助于促进技信息资源的有效利用，以及使其得到更好的推广和应用。

第四章 科技信息资源的采集与整合

第一节 科技信息资源的采集方法与技术

一、信息采集的途径与工具

科技信息资源的采集是构建全面而可靠资源库的基础。为了获取丰富的研究成果，信息采集可以通过多种途径和工具实现。

首先，定期监测学术期刊、会议论文、专利数据库等学术出版物是一种重要的途径。通过订阅这些学术资源，可以及时获取最新的研究成果，确保资源库的学术性和权威性。这种途径需要建立定期更新的机制，以保持对新知识的敏感性。

其次，互联网搜索引擎是信息采集的关键工具之一。采用网络爬虫技术，可以自动化地访问互联网上的相关网页，抓取其中的科技信息。这种方法适用于广泛而分散的信息来源，但需要注意合理设置爬虫规则，避免对网站的不当访问。

最后，社交媒体平台也成为一个重要的信息采集途径。通过监测科研人员、机构在社交媒体上的活动，可以获取他们分享的最新科技信息。这种途径有助于捕捉科研社区的实时动态，促使信息库保持更新。

信息采集的工具多种多样，包括网络爬虫技术、订阅服务、社交媒体监测工具等。网络爬虫技术能够实现自动化的大规模数据采集；而订阅服务则通过订阅学术期刊和科技网站的更新，及时获取最新的研究成果；社交媒体监测工具可以追踪科研人员和机构在社交媒体上的活动，捕捉其分享的科技信息。这些工具的灵活运用有助于构建全面而多样的科技信息资源库。

二、数据采集中的质量管理

在科技信息资源的采集过程中，质量管理是确保采集数据质量的重要环节。为了提高采集的数据质量，以下是一些关键的管理策略和方法：

（一）途径和工具的选择与配置

在科技信息资源的采集过程中，途径和工具的选择与配置是确保采集数据质量的首要步骤。针对资源库的定位和需求，需要进行合理的配置，以确保采集到的信息具有可靠性和权威性。以下是具体的管理策略和方法：

1. 信息来源分析

信息来源的可靠性和权威性是科技信息资源采集过程中至关重要的考量因素。对于不同的信息来源，进行全面的分析可以帮助组织更好地了解其特点和适用性。以下是对一些常见信息来源的分析：

（1）学术期刊

学术期刊是学术研究成果正式发布的渠道，通常经过同行评审，具有较高的学术权威性。期刊文章经过严格的审稿程序，能够提供可靠的学术信息，是科技信息资源采集的重要来源之一。

（2）会议论文

会议论文是研究者在学术会议上分享研究成果的形式，也具有较高的学术权威性。虽然会议论文的发布相对迅速，能够及时反映最新的科研进展，但也需注意会议的知名度和声誉。

（3）专利数据库

专利数据库收录了各领域的专利信息，对于科技研究和技术创新具有重要价值。专利信息通常具有较高的可信度，能够提供独特的技术视角。

（4）互联网搜索引擎

互联网搜索引擎提供了广泛的信息覆盖，但其中的信息质量参差不齐。需要谨慎选择和验证搜索结果，特别是在学术研究中，应优先考虑学术搜索引擎。

（5）社交媒体

社交媒体平台包含大量用户生成的内容，其中可能包括科研人员的意见和分享。然而，社交媒体信息的可信度需要更谨慎地评估，因为其发布的内容未经同行评审。

在科技信息资源采集中，组织应综合考虑不同信息来源的特性，选择具有较高可靠性和权威性的渠道进行采集。这样可以确保采集到的信息质量较高，能够满足组织的研究和决策需求。

2. 质量标准设定

资源库的质量标准的设定是科技信息资源采集过程中的关键一环。通过明确目标数据的要求，可以更好地引导采集工作，确保采集到的信息达到高质量的标准。以下是一些关键的质量标准设定方面：

（1）准确性

质量标准的首要考量是信息的准确性。明确目标数据应当具有高度的准确性，即所采集的信息与事实相符。这涉及信息来源的可靠性、权威性及数据采集过程中的精准性。

（2）权威性

考虑到资源库的科研和决策用途，目标数据的权威性是不可或缺的标准。只有确保信息来源具有较高的学术和专业权威性，才能提供对组织活动有价值的权威信息。

（3）时效性

科技信息的时效性对于许多领域至关重要。质量标准应明确目标数据的时效性要求，以确保采集到的信息具有实时性，能够反映最新的科研进展和行业动态。

（4）完整性

数据的完整性是保证信息全面性的关键。明确目标数据应包含的信息范围和层面，确保采集到的数据在内容上不受缺失或截断，提供全面的视角。

（5）一致性

在整个资源库中，目标数据应当具有一致性，即相关信息在不同来源和时间点之间保持一致。这需要在采集和整合过程中建立一致性检查机制，避免数据矛盾或冲突。

通过明确这些质量标准，组织可以更好地引导信息采集的方向，选择合适的信息来源，并建立相应的质量管理体系。这有助于确保采集到的科技信息资源在满足组织需求的同时具备高度的可信度和实用性。

3.适应性配置

适应性配置原则在信息采集系统中的运用具有重要意义。通过采用适应性配置，确保采集系统能够灵活调整，以适应信息源的动态变化。这需要采集系统具备一定的智能化和自适应性，以便及时响应信息来源的更新和调整。

（1）智能化调整

采用智能化调整的原则，使采集系统能够自动感知和分析信息源的变化。这可以通过引入机器学习和数据挖掘技术，使系统能够识别新的信息来源、调整数据采集规则，并根据用户需求进行优化来实现。

（2）自适应性设计

信息采集系统的自适应性设计是确保系统能够在不同环境下灵活运作的关键。系统应具备动态配置的能力，以根据信息源的差异性、时效性和权威性等因素进行自适应调整，确保采集数据的质量和时效性。

（3）实时监控与反馈

引入实时监控与反馈机制，使系统能够随时监测信息源的状态和变化。通过主动获取反馈信息，采集系统可以调整策略、修正规则，以适应信息源的动态变化，确保采集到的信息保持高质量。

（4）模块化设计

采用模块化设计原则，将采集系统拆分为多个独立的模块。这样，当信息源发生变化时，只需对相应的模块进行调整即可，不影响整体系统的稳定性。模块化设计有助于降低系统的复杂性，提高系统的可维护性和适应性。

（二）数据质量评估体系的建立

建立数据质量评估体系是确保采集数据质量的关键一环。通过全面评估采集到的数据

是否符合质量标准,可以及时发现和解决问题。以下是相关的管理策略和方法:

1. 明确评估指标

明确的评估指标是确保科技信息资源采集数据质量的基础。在设立评估指标时,需要充分考虑目标数据的多个维度,以保证全面评估数据的质量。以下是一些关键的评估指标,包括但不限于数据准确性、完整性和一致性等方面。

(1) 数据准确性

评估数据准确性是确保采集的信息与实际情况相符的关键因素。通过设立准确性评估指标,包括数据的错误率、误差范围等,可以量化数据的准确性水平。这需要定期检查数据的来源和采集过程,确保信息的真实性。

(2) 数据完整性

完整的数据对于科技信息资源的有效利用至关重要。设立完整性评估指标,包括数据的遗漏程度、缺失比例等,以确保采集的信息不受缺失的影响。系统应具备自动检测并补充缺失数据的机制,以维护数据的完整性。

(3) 数据一致性

一致的数据保证了在不同时间和不同地点获取的信息具有相同的标准。通过设立一致性评估指标,包括数据的标准化程度、统一性等,可以确保采集的信息在整个资源库中保持一致。数据一致性的评估需要考虑数据的命名规范、单位标准等方面。

(4) 时效性

时效性评估指标关注采集数据的更新速度和实时性。科技信息资源需要及时反映最新的研究成果和行业动态。通过设立时效性评估指标,包括信息的更新频率、延迟程度等,可以确保采集的数据具有较高的时效性。

(5) 可用性

可用性是指采集的数据是否易于访问和利用。设立可用性评估指标,包括数据的存储格式、检索性能等,以确保用户能够方便地获取所需信息。

2. 实时监测机制

引入实时监测机制是确保科技信息资源采集数据质量的关键步骤。通过实时监测采集到的数据的变化情况,系统可以及时发现潜在的问题并采取相应的应对措施,从而保持采集系统的稳定性和数据的可靠性。

(1) 实时监测的重要性

①及时发现异常情况

实时监测机制可以及时感知到采集数据的异常波动,包括数据的突然变化、错误率的上升等。这有助于迅速发现潜在的问题,防止异常数据对整个系统产生不良影响。

②保持系统稳定性

通过实时监测,可以在问题发生时迅速做出反应,防止问题进一步扩大。这有助于保持采集系统的稳定性,确保用户始终能够获取高质量的信息资源。

③优化数据采集流程

实时监测机制可以为数据采集流程的优化提供数据支持。通过监测用户的实际使用情况，系统可以根据反馈信息对采集规则和流程进行调整，提高数据采集的效率和准确性。

④提高用户满意度

实时监测有助于及时发现并解决用户可能遇到的问题，提高用户对科技信息资源的满意度。及时修复数据质量问题，确保用户获取的信息准确、完整，增强用户对系统的信任。

（2）实时监测机制的实施

①监测关键指标

设定关键指标，如数据更新频率、错误率、用户访问情况等，进行实时监测。这些指标直接关系到数据质量和系统性能，是及时发现问题的重要依据。

②异常报警系统

建立异常报警系统，当监测到关键指标超过预设阈值时，系统能够自动触发警报。这有助于管理员和维护人员迅速响应，采取紧急措施。

③定期数据审查

定期进行数据审查，检查历史数据的一致性和准确性。通过与实际情况的对比，发现潜在问题并进行修复，提高数据质量。

④用户反馈机制

建立用户反馈机制，鼓励用户及时报告数据质量问题。用户的反馈是发现问题的重要渠道，有助于系统管理者及时调整和改进。

3.用户反馈参与

首先，建立用户参与数据质量评估的机制是一项至关重要的举措，可有效提升数据集的准确性和可信度。为实现这一目标，系统应当设计并整合多样化的用户反馈通道，以方便用户随时指出数据存在的问题。用户可以通过系统提供的反馈通道，以文字、截图或其他形式提交他们发现的数据质量问题，从而促进对问题进行及时纠正和改进。

其次，用户的参与不仅仅是为了弥补系统可能存在的漏洞，更是为了建立一种开放式的沟通机制，使得用户与数据管理者之间形成紧密的联系。这种联系有助于系统更深层次地了解用户需求和期望，进而定向性地改进数据集。为了确保用户反馈的有效性和高质量，系统还可以提供相应的指南，以协助用户更准确地描述问题，包括但不限于问题的具体表现、发生的频率，以及可能的影响等方面的信息。

再次，用户反馈的机制应当具备及时响应的能力，以便在问题暴露后能够快速做出调整。系统可以设立专门的团队或借助先进的自动化工具，对用户反馈进行及时的监测和分析。通过迅速响应用户反馈，系统不仅能够提高数据集的质量，还能够增强用户对系统的信任感和满意度。

最后，用户参与数据质量评估的机制应当是一个持续改进的过程。系统可以定期总结用户反馈的统计信息，识别出现频率较高的问题，并进行深入的分析和优化。同时，系统也可以向用户及时反馈关于他们提出问题的解决进展，以提高处理问题的透明度并提高用户的参与积极性。

（三）数据清洗技术的应用

数据清洗技术在确保采集数据质量方面发挥着重要的作用。通过采用有效的数据清洗技术，可以提高数据的准确性。以下是相关的管理策略和方法：

1. 清洗规则制定

制定清洗规则是确保从各种信息源采集到的数据具有高质量和准确性的关键步骤。这涉及明确如何处理重复、错误或不准确的信息，因此，建立一套科学而灵活的规则体系是至关重要的。清洗规则的设计需要根据实际情况，兼顾数据的多样性和变化性，以确保数据清洗的有效性和普适性。

首先，清洗规则的制定需要考虑到不同类型的数据问题。对于重复数据，规则可以包括识别重复记录的条件、删除或合并重复数据的策略等。对于错误或不准确的信息，规则可以定义数据质量标准，包括数据范围、数据类型、缺失值处理等方面，以识别和修复错误数据。规则还可以包括对异常值的检测和处理，确保数据在合理范围内。

其次，清洗规则的设计需要考虑到数据清洗的灵活性。不同的数据源可能存在不同的数据质量问题，因此规则应当具备一定的适应性。灵活的规则体系可以通过参数化和可配置的方式实现，以便根据具体情况进行调整。例如，可以设定阈值来动态判断重复记录或异常值，而不是采用固定的标准。

再次，清洗规则的制定还需要考虑到数据的时效性。数据质量问题可能随着时间的推移而发生变化，因此规则应当能够及时适应新的数据质量挑战。定期审查和更新清洗规则是确保其时效性的重要手段，这些可以通过与业务团队和数据管理团队的协同工作来实现。

为了确保清洗规则的科学性，可以采用数据质量框架或标准，例如 DAMA-DMBOK（Data Management Body of Knowledge）等。这些框架提供了一套全面的数据管理标准，有助于规范清洗规则的设计和实施。

最后，清洗规则的制定是一个迭代的过程。随着数据的不断变化和业务需求的演进，规则需要不断优化和更新。建立一个反馈机制，通过监测数据质量指标和用户反馈，及时调整和改进清洗规则，是确保规则体系持续有效的关键步骤。

2. 自动化清洗

引入自动化清洗技术是数据管理领域的一项重要举措，通过算法和模型对数据进行自动检测和修正，可以提高清洗效率并降低人工清洗的成本。自动化清洗技术的应用不仅在于处理大规模数据的复杂性，还在于提升数据清洗的精确性和实时性。

首先，自动化清洗技术可以通过智能算法实现对常见数据质量问题的自动检测。例如，可以利用机器学习模型识别和处理重复数据、异常值和缺失值等。这些模型可以通过训练阶段学习数据的模式和规律的方式，达到在实际应用中对新数据进行检测和修正的目的。这种方法不仅能够提高清洗的效率，还能够更好地应对不断变化的数据质量问题。

其次，自动化清洗技术可以基于规则引擎实现对多样化问题的处理。规则引擎可以配置和执行一系列规定，涵盖数据的有效性、一致性和准确性等方面。通过灵活的规则配置，系统能够适应不同类型和来源的数据，保证清洗过程的全面性和多样性。规则引擎的自动执行减轻了人工干预的负担，提高了清洗的效率。

再次，自动化清洗技术还可以结合实时处理，确保数据在采集后能够立即得到清洗。实时处理可以通过流处理技术，对数据流进行即时清洗，这就降低了数据质量问题对后续分析和应用的影响。这种实时性的清洗方式尤其适用于需要及时响应和处理的应用场景，如金融交易、健康监测等领域。

为了保证自动化清洗技术的有效性，需要进行充分的模型和算法验证。这包括在实验环境中使用真实数据进行模型训练和测试，评估模型的准确性和泛化能力。同时，需要建立监控系统，实时监测清洗结果，及时发现和解决可能出现的问题。

最后，自动化清洗技术的应用需要与人工清洗相结合，形成一个协同的体系。自动化技术可以处理大规模的、常见的数据质量问题，而人工清洗则可以处理复杂的、领域特定的问题。通过充分发挥两者的优势，实现清洗过程的高效性和全面性。

3.定期清洗

建立定期清洗的机制是维护数据时效性和新鲜度的重要环节。随着时间的推移，数据质量可能会受到多种因素的影响，包括信息源的更新、数据本身的变化及环境因素等。因此，通过定期清洗，系统能够及时清除过时的信息，确保数据仍然具有高质量和可信度。

首先，定期清洗的机制需要考虑到不同类型和频率的数据变化。因此，针对不同信息源的定期审查是必要的。例如，学术期刊、数据库等信息源可能会在一定周期内进行更新，发布新的数据或调整数据结构。通过定期审查这些信息源，系统能够了解变更的具体内容，及时更新和调整数据采集和清洗规则，以适应新的情况。

其次，定期清洗的机制还需要考虑到数据自身的变化。某些数据可能随着时间的推移而失效或过时，需要及时清理以避免对整体数据集的负面影响。通过设立清理策略，例如根据数据的时间戳进行判定，系统可以定期清除那些已经过时或不再具有实际意义的数据，保持数据的新鲜度。

定期清洗的机制可以借助自动化工具来实现。通过设置定时任务或利用流处理技术，系统可以自动检测和清洗数据，减轻人工干预的负担。自动化工具可以基于预定的规则和策略，自动识别并清理那些需要被更新或删除的数据，提高清洗的效率和准确性。

再次，定期清洗的机制也需要与其他数据管理环节协同工作。例如，与定期审查途径、采集规则更新等相结合，确保整个数据管理过程的协同运作。通过建立清晰的流程和协同机制，系统能够更好地适应数据环境的变化，保持数据的及时性和准确性。

最后，定期清洗机制是数据管理中的一项基础性工作，为维护数据的新鲜度和时效性提供了可靠的手段。通过结合自动化工具、定期审查和清理策略，系统能够有效应对数据变化带来的挑战，为用户提供更为可信、实用的数据服务。这一机制的建立不仅有助于提高数据管理的效率，也为数据驱动的决策提供了更为可靠的基础。

（四）质量反馈机制的建立

建立质量反馈机制是保障数据准确性和及时性的重要手段。通过用户的参与和反馈，可以及时发现和纠正数据质量问题。以下是相关的管理策略和方法：

1. 反馈通道建立

在采集系统中建立用户反馈通道是维护数据质量的关键步骤，旨在为用户提供便捷的途径，让他们能够报告数据问题、提供反馈意见，从而促进及时地纠正和系统的持续改进。为实现这一目标，系统可以采用多种形式的用户反馈通道，如在线反馈表单、邮件通道等，以满足用户不同的反馈偏好和习惯。

首先，建立在线反馈表单是一种直接而高效的方式。通过在系统界面上设置反馈入口，用户可以方便地填写反馈内容，指出数据存在的问题，并提供详细的描述和截图。在线表单的设计应当简洁明了，提供足够的空间供用户输入具体的问题和建议，同时也可以设置一些必填项以确保反馈信息的完整性。这样的用户反馈通道不仅方便用户，还能够为系统收集到更为详尽的问题描述，有助于问题的快速定位和解决。

其次，建立邮件通道是一种传统而可靠的方式。通过指定专门的邮件地址，用户可以直接将反馈信息发送到系统维护团队。这种方式的优势在于用户无需登录系统，只需通过邮件即可进行反馈，反馈渠道更为灵活。为了提高邮件通道的效率，系统可以设置自动回复机制，及时向用户发送反馈接收确认，增加用户对反馈的信心。

最后，可以考虑整合社交媒体平台作为反馈通道的一部分。通过系统关联社交媒体账号或提供社交媒体链接，用户可以通过这些平台直接向系统反馈问题。这种方式借助了社交媒体的广泛使用，使得反馈更具有开放性和社交性，同时也为系统在社交媒体上建立良好的口碑提供了机会。

2. 实时响应

建立实时响应机制是维护用户满意度和数据质量的关键环节。通过迅速响应用户的反馈，系统能够及时处理问题，提高用户体验，同时也有助于快速纠正数据质量问题，确保数据的准确性和时效性。

首先，实时响应机制需要建立高效的反馈处理流程。一旦用户提供反馈，系统应立即启动反馈处理流程，确保信息能够迅速传递到专门的反馈管理团队。团队成员应当具备相关领域的专业知识，以更准确地理解和解决用户反馈的问题。通过建立高效的处理流程，系统能够在最短的时间内获知用户的反馈并采取相应的行动。

其次，实时响应机制需要利用自动化工具提高处理效率。自动化工具可以在用户提交反馈后立即触发预设的处理流程,例如自动分发给相应的团队成员、自动生成工单或任务。这有助于加快问题的处理速度,减少人工处理的时间成本。同时,自动化工具还可以设定预警机制,及时通知相关团队成员处理紧急问题,从而确保用户的反馈得到及时关注。

再次,建立实时响应机制需要与用户建立有效的沟通渠道。系统可以通过设定反馈接收确认、提供实时处理进度查询等方式,向用户传递系统对反馈的重视和处理进展。透明的反馈处理过程有助于增强用户信任感,提高用户满意度。

为了确保实时响应的有效性,系统还可以利用数据分析工具进行监测和评估。通过分析用户反馈的类型、频率及处理时效等指标,系统能够更好地了解用户需求和系统性能,为持续改进提供数据支持。数据分析还可以帮助系统发现潜在的问题模式,进而及时采取预防性措施,提升整体的数据质量水平。

最后,实时响应机制是维护系统与用户紧密互动的重要环节。通过建立高效的处理流程、利用自动化工具、与用户保持透明沟通,并通过数据分析不断优化机制,系统能够更好地满足用户需求,提高用户体验,同时也能够快速纠正数据质量问题,确保数据的高质量和可信度。这一机制的建立不仅是数据管理中用户关系管理的一部分,也是推动系统不断进步的关键手段。

3.用户培训

提供用户培训是数据管理中的一项关键举措,旨在使用户更好地理解数据质量标准和反馈流程,从而提高用户对系统的有效使用和参与度。用户培训的内容应当涵盖多个方面,包括正确使用反馈通道、理解数据质量评估指标等内容,以确保用户能够积极参与数据质量的维护和提升。

首先,用户培训可以着重介绍系统中的反馈通道及其使用方法。通过培训,用户可以学习如何利用系统提供的在线反馈表单、邮件通道或其他反馈途径,准确地提交数据质量问题和建议。培训内容应当包括如何填写反馈表单、提供清晰而详细的问题描述,以及了解反馈处理的大致流程。这有助于确保用户能够正确、高效地利用反馈通道,提高用户与系统之间的互动效果。

其次,用户培训还应关注数据质量标准的理解。用户需要了解系统对数据质量的标准和要求,以便更好地判断数据的可信度和有效性。培训可以涵盖数据质量评估指标的解释,如何理解数据的准确性、完整性、一致性等方面。通过培训,用户可以建立对数据质量标准的清晰认识,这有助于其在使用数据时更为谨慎和明智。

再次,用户培训还可以包括针对特定行业或领域的数据质量实践和经验分享。通过案例分析和实际应用的演示,用户可以更深入地了解数据质量在实际工作中的应用,学习如何根据具体情境进行数据质量的判断和处理。这有助于提高用户对数据质量管理的专业水平,使其更好地应对实际工作中的挑战。

最后,用户培训是一个持续性的过程,应当定期更新培训内容以适应系统和行业的变化。随着系统的不断升级和行业标准的变更，用户培训需要及时更新，以确保用户始终了解系统的最新特性和数据质量要求。培训也可以结合用户反馈，根据用户的需求和疑问调整培训内容，以达到更为个性化和精准的培训效果。

（五）定期审查和更新

定期审查和更新是确保采集系统长期有效运行的保障。这涉及采集途径和工具的不断优化，以适应信息来源的变化。以下是相关的管理策略和方法：

1. 定期审查途径

定期审查采集途径是确保信息系统与信息来源同步的关键步骤，旨在及时了解信息来源的变化，包括学术期刊的更新和数据库的变更等。这一过程不仅有助于维护数据的准确性和时效性，还能够提高系统对信息环境的适应性，从而确保采集到的数据具有高质量和可靠性。

首先，在进行定期审查时，组织需要建立一套系统的审查机制。这包括明确审查的频率、审查的深度及参与审查的团队成员。审查的频率可以根据信息来源的特性和变化速度来设定，以确保系统能够及时捕捉到任何变更。审查的深度涵盖了对学术期刊、数据库等信息来源的详细了解，以确定变更的具体内容和对系统的影响。团队成员应具备相关领域的专业知识，以确保审查的准确性和全面性。

其次，在进行学术期刊的定期审查时，系统应当密切关注期刊的更新、新出刊的文章及任何关于期刊内容或政策的变更。这可以通过定期访问期刊网站、订阅期刊通知或利用自动化工具进行监测来实现。对于数据库的审查，系统需要关注数据库的结构变化、数据字段的调整及数据质量的变化。同样，通过与数据库提供方的定期沟通和系统内的自动化监测，系统可以及时获取关键信息。

再次，定期审查途径的过程中，系统还应当关注信息来源的可靠性和权威性。评估学术期刊的影响因子、数据库的知名度等指标，以确定信息来源的权威程度。对于变更可能引起的数据质量问题，系统应当制定相应的调整策略，以确保数据集的一致性和可信度。

最后，定期审查途径是一个持续不断的过程，系统应当不断优化审查机制，根据经验总结和技术进步进行更新。通过建立健全的定期审查机制，信息系统能够更好地适应变化的信息环境，提升数据采集的质量和效率，从而为用户提供更为可靠的信息服务。

2. 采集规则更新

在信息采集过程中，将定期审查结果及时反馈至采集规则是确保系统与信息来源同步的重要步骤。采集规则应当具备灵活性，以便随时调整，以适应信息来源的新情况，保持数据采集的准确性和时效性。

首先，采集规则的更新应当基于对信息来源的深入审查和全面了解。通过定期审查学术期刊、数据库等信息来源的变化，系统能够及时发现新的数据字段、调整和政策变更。这就要求采集规则要有足够的灵活性，能够迅速应对这些变化，以确保系统能够正常而有效地从信息来源中提取最新的数据。

其次，采集规则的更新需要考虑到数据质量和一致性。随着信息来源的变化，系统可能涉及数据字段的新增或删除，甚至是数据格式的调整。因此，采集规则的更新应当经过仔细的规划和测试，以确保更新后的规则能够正确地抽取、处理和存储新的数据，同时保持与原有数据的一致性。

再次，为了提高采集规则的灵活性，系统可以采用自动化的规则管理工具。这些工具可以监测信息来源的变化，并自动调整采集规则以适应新的情况。自动化工具还可以提供实时的反馈，帮助采集团队更迅速地做出决策。此外，规则管理工具还能够记录规则的变更历史，为后续的规则更新提供经验参考。

最后，系统在更新采集规则时，需要与相关团队进行紧密协作。数据管理团队、技术团队和业务团队之间的协同工作是确保规则更新成功的关键。通过有效的沟通和合作，各团队可以充分利用自己的专业知识，确保采集规则的更新是全面而准确的。

3. 技术升级

定期进行技术升级是维护采集系统性能和效率的必要步骤，旨在不断提升系统的数据采集、处理和清洗能力。技术升级的范畴广泛，其中包括更新网络爬虫算法、提升数据清洗技术等多个方面，以适应信息环境的不断变化和用户需求的不断演进。

首先，网络爬虫算法的更新是技术升级的重要组成部分。随着网络技术和网站结构的不断发展，爬虫算法需要不断优化以应对新的挑战。更新爬虫算法可以包括提高爬取效率、改善页面解析能力、增强对动态网页的支持等方面。采用先进的爬虫技术可以更快速、精准地从信息源中提取数据，提高数据采集的效率和准确性。

其次，数据清洗技术的提升也是技术升级的重要方向。随着数据量的不断增加，数据质量的保证变得尤为关键。技术升级可以涉及更智能的数据清洗算法，能够自动识别和修复数据中的错误、缺失或异常值。采用先进的清洗技术不仅能够提高数据质量，还能够降低人工清洗的工作量，实现更加高效的数据处理流程。

最后，技术升级还可以包括硬件和基础设施的更新。例如，采用更高性能的服务器、优化存储系统，以提高系统整体的处理速度和容量。同时，采用云计算、分布式计算等先进技术，可以更好地应对大规模数据的处理需求，提升系统的可扩展性和稳定性。

为了确保技术升级的成功，系统需要建立健全的升级计划和测试机制。升级计划应当明确升级的目标、内容、时间表及相关团队的职责。测试机制则需要覆盖升级前后系统的各个环节，以确保升级不会引入新的问题或影响系统的正常运行。

第二节 科技信息资源的整合策略与实施

一、整合策略的选择与原则

科技信息资源的整合策略是确保组织内部各类信息资源协同工作的关键。选择合适的整合策略需考虑以下原则：

（一）业务需求导向

业务需求导向是科技信息资源整合策略的核心原则。在选择整合策略时，首要考虑的是组织的业务需求，以确保整合后的信息资源能够有力地支持组织的核心业务和科研活动。以下是关于业务需求导向的详细阐述：

组织的业务需求是整合策略设计的出发点。深入了解组织的具体业务流程、需求和目标是至关重要的，这样能够在整合过程中明确组织所需的功能、性能和服务水平。通过对业务需求的精准理解，可以为整合策略的制定提供有力的指导，确保整合后的信息资源能够对组织的战略目标产生实际、积极地影响。

整合策略应该紧密契合组织的核心业务。科技信息资源的整合不仅仅是技术层面的整合，更应该是与组织业务深度融合的过程。通过了解组织的业务流程，确定哪些信息资源对业务的支持最为关键，进而确定整合的重点和优先级。这样的业务导向有助于确保整合策略不仅仅是技术上的完善，更能够为组织创造实质性价值。

在业务需求导向下，整合策略需要具备灵活性。随着业务的发展和变化，整合策略应当能够适应未来的业务需求。采用模块化的设计思想，使得整合系统能够灵活组合和拓展，随时满足新的业务要求。这样的灵活性有助于整合策略的持续有效性，使其能够长期服务于组织的发展。

（二）开放性与灵活性

开放性与灵活性是科技信息资源整合策略的关键特征。整合策略应当具备这两个方面的特性，以确保其能够对未来的业务变化和科技发展灵活适应。

一方面，整合策略的开放性是指其能够与外部系统和资源进行有效对接，确保信息的流通性和协同性。采用开放的标准和协议，使得整合平台能够轻松与其他系统集成，实现数据的共享和互通。这样的开放性设计有助于消除信息孤岛，促进不同系统之间的协同工作，提高整个组织的效率。

另一方面，整合策略的灵活性是指其能够适应未来业务需求和科技发展的变化。采用模块化的设计思想，使得不同信息资源可以灵活组合和拓展。这种灵活性的设计能够降低整合的难度，同时为未来的功能扩展提供便利。组织在面临新的业务需求时，可以通过增加或修改模块来满足变化的要求，而不必对整个系统进行全面重构。同时，整合平台的灵活性还可以体现在对不同类型信息资源的支持上，包括文本、图像、视频等多样化的数据形式。灵活的整合策略应当能够有效处理和呈现这些多样化的信息，确保用户可以全面而便捷地获取所需内容。

（三）标准化与互操作性

标准化与互操作性是科技信息资源整合策略的关键因素，通过遵循行业标准，确保信息资源之间的互操作性，可以实现信息资源的无缝整合。以下是关于标准化与互操作性的详细阐述：

首先，在整合策略中，标准化起到了至关重要的作用。标准化是通过采用通用的数据格式和协议，使得不同信息资源能够协同工作，实现无缝整合。这有助于降低整合过程中的技术难度，确保各个组件之间的兼容性。例如，采用通用的数据格式如 XML 或 JSON，以及行业通用的通信协议，可以有效地消除信息传递中的障碍，提高整合的效率。

其次，互操作性是标准化的直接结果，它确保了不同信息资源能够在相互配合的同时保持其独立性。通过整合平台，遵循行业标准，不同系统和数据源可以顺利地集成在一起，实现数据的共享和互通。这样的互操作性为用户提供了更为一体化的体验，使得他们可以在不同资源之间自由流动，以获取全面的信息。

再次，标准化还有助于提高整合系统的稳定性。由于采用了广泛认可的标准，整合平台更容易进行系统集成和维护。标准化的设计可以减少因为系统组件不兼容而引起的错误，降低系统崩溃的风险，从而提高整体系统的可靠性。

最后，采用标准化的整合策略也能够确保系统与未来新兴技术的兼容性。由于标准通常是经过时间检验和广泛采用的，因此，整合平台在未来的技术发展中能够更好地适应新的挑战和发展趋势，从而保持系统的可持续性。

（四）安全性与隐私保护

安全性与隐私保护在科技信息资源整合策略中具有关键性的作用。

在整合科技信息资源的过程中，确保信息的安全性是至关重要的。整合策略需要采用一系列有效的安全措施，以保护信息资源免受潜在的威胁和攻击。其中，身份验证和权限管理是两项关键的措施。

首先，身份验证是确保只有授权用户能够访问敏感信息的关键手段。整合平台应该实施多层次的身份验证机制，确保用户在访问敏感数据时能够被准确识别。这可以包括常见的用户名密码验证、多因素身份验证等方式，以提高整个系统的安全性。

其次，权限管理是指在整合平台中精确控制用户对不同信息资源的访问权限。不同用户可能具有不同的角色和职责，因此需要细粒度的权限控制。这样可以防止未经授权的用户访问敏感数据，确保信息的机密性和完整性。

再次，隐私保护是建立用户信任的基础，特别是在涉及个人和敏感信息的科技信息资源整合中更为重要。整合平台应当遵循相关的法规和标准，保护用户的隐私权益。这包括明确规定哪些信息被视为隐私信息，以及如何收集、存储和处理这些信息。平台应当采用加密技术、匿名化处理等手段，最大程度地减少对用户隐私的侵犯。

最后，隐私政策的透明度也是至关重要的。整合平台需要清晰地向用户说明其隐私政策，包括数据的收集目的、使用方式及保护措施等。用户应该能够明确知晓他们的个人信息将如何被处理，以便做出知情的决策。

（五）成本效益

成本效益是整合策略选择的一个关键考量因素，对于确保整合后的信息系统在长期运营中具备经济可行性至关重要。整合策略的选择应该从全面的角度考虑，包括硬件、软件、人力资源等多个方面的成本。

首先，硬件成本涉及整合平台所需的服务器、存储设备等基础设施。组织应选择成本效益较高的硬件方案，在确保系统性能和稳定性的同时，最大程度地控制硬件采购和维护成本。

其次，软件成本包括整合平台的开发、许可和维护费用。选择合适的整合软件，并考虑开源软件的利用，有助于降低软件成本。同时，在整个软件生命周期中的维护成本也需要被纳入考虑范围，以确保长期运营的可行性。

再次，人力资源成本是整合过程中一个重要的方面，包括开发团队、系统管理员、培训人员等的成本都需要纳入考虑。采用高效的开发方法和培训方式，以及确保系统易于维护，都有助于降低人力资源成本。

最后，整合过程中可能还涉及数据迁移、培训成本、可能的业务中断成本等。这些都需要被综合考虑，以确保整合过程不会对组织造成过大的财务负担。

在考虑成本效益时，还应该明晰整合后的系统所带来的业务价值。评估整合后系统对组织运营、决策、创新等方面的提升，以确保整合投资能获得相应的回报。

二、整合效果对组织绩效的影响

科技信息资源的有效整合对组织绩效有着深远的影响：

（一）提升工作效率

提升工作效率是科技信息资源整合的重要目标之一。科技信息资源的整合通过将分散的信息资源整合到一个统一的平台上，为组织内的科研人员和决策者提供了更为高效的工作环境。这种整合的平台能够消除在不同系统之间切换的烦琐步骤，使得用户能够更迅速地获取所需信息。

整合后，科研人员和决策者可以在一个平台上进行全面的信息检索，而无需跳转到不同的系统或数据库。这消除了信息碎片化和冗余检索的问题，为用户提供了更为便捷、一站式的信息访问体验。高效的信息获取过程有助于减少重复劳动，节省用户的时间和精力，从而提高整体工作效率。

同时，整合后的平台使得相关数据和文献等信息更为方便地被检索和利用。用户可以通过统一的检索接口获取多源信息，而无需分别查询不同数据库或系统。这不仅提高了检索的效率，也有助于用户更全面地了解相关领域的研究进展。整合平台可能还提供了更先进的检索和过滤工具，使用户能够更准确地定位所需信息，进一步提升工作效率。

（二）促进创新和合作

促进创新和合作是科技信息资源整合的显著效果之一。整合带来的信息共享和协同工作为创新和团队合作提供了有力的支持。科技信息资源整合平台的建立改变了科研人员获取信息的方式，使其更容易跨越不同学科领域，促进了不同领域之间的交叉与合作。

整合平台为科研人员提供了一个集成的环境，使其能够更方便地获取到各个学科领域的最新研究成果、技术进展和学术动态。这种全面性的信息获取方式有助于激发创新思维，使科研人员能够更好地了解相关领域的前沿趋势，为创新性的研究提供更为全面的支持。

除了信息获取方面，整合平台还提供了一个共享和协同工作的空间。科研人员可以在平台上共享自己的研究成果、经验和见解，促进团队内部的合作与交流。这种协同工作的方式有助于整合各种专业知识，推动团队成员之间的合作，从而提高整个组织的创新水平。

科技信息资源整合平台的建立改变了科研团队内部的工作方式，使其更具灵活性和协同性。通过促进创新思维和团队合作，整合平台为组织的科研和创新活动注入了新的活力，这对于提高组织的创新水平和竞争力具有积极的影响。

（三）优化资源利用

优化资源利用是科技信息资源整合的关键效果之一。整合科技信息资源有助于组织更好地了解各类信息资源的利用情况，从而能够有针对性地优化资源配置。通过分析整合平台上的数据使用情况和下载量，组织可以清晰地了解到哪些资源更受欢迎，哪些资源使用率相对较低。

这种数据洞察为组织提供了宝贵的信息，使其能够做出更为明智的决策。在资源采购和订阅方面，组织可以根据资源实际的使用情况进行调整，增加对受欢迎资源的支持，同时减少对使用率较低资源的投入。这样的精准决策有助于确保有限的资源得到最大程度的利用，提高整体资源的利用效率。

整合平台不仅提供了数据的使用情况，还可以提供用户的反馈和评价，帮助组织更好地理解用户需求。基于这些信息，组织可以调整和优化资源的结构和内容，以更好地满足用户的信息需求。这种用户反馈的循环机制有助于构建一个更加符合用户期望的科技信息资源体系。

（四）提高决策质量

提高决策质量是科技信息资源整合的重要效果之一。整合后的科技信息资源为决策者提供了更全面、准确的数据支持，从而有力地提升了决策的质量。这对于组织在科研、管理和战略制定等方面具有重要的意义。

首先，整合平台汇聚了来自不同领域的综合信息，使得决策者可以在一个统一的平台上获取多元化的数据。这些数据涵盖了科学研究、技术发展、市场趋势等多个方面的信息，有助于决策者全面了解相关领域的动态。通过查阅整合平台上的信息，决策者能够形成更为权威和全面的认知，为决策提供更为充实的依据。

其次，整合平台可能提供数据分析工具，支持决策者深入地了解数据背后的趋势和规律。这些工具可以帮助决策者对大量的数据进行挖掘和分析，发现隐藏在数据中的关联和趋势。通过对数据的深入分析，决策者能够更准确地把握当前形势，预测未来发展趋势，从而在决策过程中更具前瞻性和科学性。

最后，整合后的科技信息资源为决策者提供了更为智能和便捷的信息支持，使其能够更加准确地评估各种决策选项的利弊，做出更为明智的决策。提高决策质量有助于组织更好地应对复杂多变的环境，提升整体竞争力，推动组织向着更好的发展方向迈进。

（五）增强组织竞争力

增强组织竞争力是科技信息资源整合的关键效果之一。整合后的信息资源使组织能够更加敏锐地洞察行业动态和前沿技术，为其在竞争激烈的市场中取得优势提供了有力支持。以下是整合对组织竞争力的影响：

首先，整合后的信息资源使组织能够更及时地获取市场信息和竞争对手动态。通过整合平台，组织可以汇聚来自不同渠道的市场情报、行业分析、竞争对手动态等信息。这使得组织能够更敏捷地把握市场变化，了解竞争对手的策略和举措，从而为制定战略和调整业务方向提供了更全面的信息基础。

其次，整合后的信息资源有助于组织更好地适应市场环境。通过对整合平台上的数据进行分析，组织可以更深入地理解市场趋势、消费者需求等关键因素。这种深入洞察有助于组织调整产品和服务策略，满足市场需求，提高产品竞争力，从而更好地适应市场的动态变化。

最后，整合后的信息资源为组织制定战略和决策提供了更为全面和准确的依据。组织可以利用整合平台上的数据分析工具，深入研究市场情况、技术趋势等方面的信息，这为决策者的决策制定提供了科学的支持，有助于组织在竞争中更明智地选择战略方向，优化资源配置，提高整体竞争力。

第三节　科技信息资源的共享与交换

一、共享文化在科技信息资源管理中的作用

共享文化在科技信息资源管理中扮演着关键的角色。建立共享文化不仅有助于促进组织内外部信息资源的交流与分享，还能够加强团队协作和创新。在共享文化的氛围下，科研人员更倾向于分享自己的研究成果、经验和数据，这为形成共同体的学术氛围奠定了基础。这一文化促使科研人员更加开放和合作，有助于提高信息资源的利用率，避免信息孤岛的存在，从而推动整个组织科研水平的不断提升。

在共享文化中，科技信息资源不再被个体封闭所有，而是得以在组织内外自由流通。这有助于避免重复劳动，提高工作效率。科研人员能够更轻松地获取他人的研究成果和数据，从而在自己的研究中开展建立在前人基础上的更为深入的工作。此外，共享文化也鼓励开放科研合作，这使得不同组织和团队之间可以共同开展研究项目，实现资源优势互补，从而推动科技创新。

（一）科研人员的知识共享

在科技信息资源管理中，建立共享文化的核心在于科研人员的知识共享。这一过程是促使组织内外信息资源交流与分享的关键环节，旨在实现团队协作的强化和创新思维的激发。科研人员愿意分享自己的知识和经验是共享文化建设的基石，在组织内通过研讨会、分享会等形式，可以有效地推动知识共享的实现。

通过组织内的研讨会，科研人员可以展示他们的研究成果，分享在科研过程中所获得的新见解和成就。这种形式的知识共享有助于加强团队内部的信息流通，使得组织内的成员能够更全面地了解彼此的研究方向和取得的研究成果。通过亲自呈现研究过程和结果，科研人员可以传递对研究更为深入的理解，从而促进团队内部的合作和协同。

分享会的形式可以包括小组研讨、座谈会等，这些形式的分享为科研人员提供一个自由交流的平台。在这种交流的氛围中，科研人员不仅可以分享成功经验，还能够讨论遇到的问题和挑战，共同寻找解决方案。这种经验共享的机制有助于打破知识孤岛，形成开放的学术交流氛围，推动科研团队整体水平的提升。

知识共享不仅仅局限于组织内部，也可以在科研领域更广泛地展开。通过参与学术会议、研讨会、国际合作项目等形式，科研人员可以将自己的研究成果与其他研究者分享。这种跨组织和跨地域的知识共享有助于构建更广泛的学术网络，拓宽科研人员的研究视野，促进国际间的学术交流。

在共享文化的推动下，科研人员更愿意接受新观点和思路，从而激发创新思维。共享

文化能够培养一种开放的心态，使得科研人员更加愿意接纳多元的思考方式和方法，从而推动科技创新的发展。在这个过程中，知识的共享不仅是一种传递，更是一种相互启发和促进的过程。

（二）数据共享和开放获取

共享文化的构建不仅仅体现在科研人员的知识共享上，还深刻体现在对科研数据的开放共享和开放获取的出版模式上。这一过程旨在推动科研成果的广泛传播、提高数据可重复性，促使整个科研社区形成更为开放和合作的氛围。

科研数据的开放共享是共享文化的重要组成部分。科研人员应当积极并愿意将其研究数据以开放的方式分享给其他研究者。通过建立数据共享的机制，科研人员能够将研究数据公开共享，使得其他研究者能够访问、验证和重复研究，从而提高研究成果的可信度和科研的透明度。数据的开放共享有助于加速科研进程，避免重复劳动，同时也能够促进数据的再利用，为科研创新提供更为广泛的资源基础。

除了数据的开放共享，开放获取的出版模式也是共享文化的一种体现。科研人员可以选择将其研究成果发表在采用开放获取模式的期刊或数据库上，使得研究成果更广泛地传播和被利用。采用开放获取的出版模式有助于打破传统出版的地域和机构限制，使得科研成果能够更加平等地被全球范围内的研究者获取。这不仅有助于提高研究成果的可见度和引用率，还能够促进科研社区的国际合作和知识共享。

在开放共享的框架下，科研人员需要遵循一定的数据管理和共享原则。这包括确保数据的质量和可重复性，明确数据的许可和使用条款，以及采用标准的元数据描述，以便其他研究者能够理解和使用这些数据。开放共享还需要考虑隐私和安全等方面的问题，确保敏感信息得到妥善处理，同时保证科研人员的合法权益得到保护。

（三）建立合作文化

共享文化的重要性不仅体现在组织内部，还涉及与外部合作伙伴的信息共享。在这一背景下，建立合作文化成为共享文化的延伸，这种文化通过促使不同组织之间分享研究资源、设备和人才等，推动科技创新的跨界发展。

合作文化的建立意味着不同组织之间愿意开展更为紧密和深入的合作。这种文化通过促使信息的自由流通，使得各组织能够更加灵活地共享研究资源。合作文化的核心在于建立开放的合作机制，使得科研成果、设备和专业人才能够在组织间更为自由地流动。这不仅有助于避免资源的重复投入，还能够实现资源的优势互补，推动整个科技创新生态系统的协同发展。

在合作文化中，信息共享是至关重要的环节。各组织之间通过共享研究成果、数据和经验，能够更好地理解彼此的优势和需求。这种信息共享的机制不仅有助于加深合作伙伴间的合作理解，还能够为合作的深入开展提供有力的支持。通过信息共享，组织能够更全面地了解外部环境和行业动态，这有助于其更好地制定科研和创新战略。

合作文化的另一方面体现在共享研究资源、设备和人才等方面。组织之间可以共同利用各自的实验室设备、研究设施等科研资源，避免资源的浪费。同时，通过共享人才，组织能够更灵活地调配人力资源，实现专业人才的有机结合。这种资源和人才的共享机制能够加速科技创新的过程，提高研究效率和质量。

建立合作文化还有助于促进跨组织的科研合作。科技创新往往需要跨足不同领域、整合各方面的资源，而合作文化为不同组织之间搭建了合作的桥梁。跨组织的科研合作有助于集聚更多的专业知识和技术力量，推动研究问题的深入解决。这种跨界发展的模式有助于形成更具综合性的科研成果，为社会问题提供更全面、有效的解决方案。

二、信息资源管理中的共享标准与协议

（一）Dublin Core 元数据标准

1.Dublin Core 的基本原理

Dublin Core 元数据标准是一种用于描述数字资源的简单元数据标准。它定义了一组基本的元数据元素，用于描述资源的基本属性。这些基本元素包括标题、作者、主题、时间等，是对各种类型的信息资源通用的描述方式。

2.在科技信息资源中的应用

在科技信息资源管理中，Dublin Core 元数据标准被广泛应用于对科研论文、研究数据、专利等各种类型的信息资源进行描述。通过使用 Dublin Core，不同组织和系统可以采用相同的标准，实现对信息资源的一致性描述，提高信息资源的可搜索性和可发现性。

（二）OAI-PMH（开放存取倡议——协议与数据提供者）

1.OAI-PMH 的基本原理

OAI-PMH（Open Archives Initiative Protocol for Metadata Harvesting）是一种用于实现开放存取的协议与数据提供者。该协议旨在实现不同数字库之间的元数据信息的互操作性和共享。其基本原理是通过定义规范的接口，信息资源的提供者可以将其元数据提供给抽象服务商，从而实现元数据的集中管理和检索。

2.在科技信息资源管理中的应用

在科技信息资源管理中，OAI-PMH 被广泛应用于数字图书馆、科研机构和学术出版社等不同类型的信息提供者。通过遵循 OAI-PMH 协议，这些提供者可以将其元数据以标准化的方式提供给其他机构或系统，从而实现信息资源的共享和交换。OAI-PMH 的应用使得科研人员能够更方便地访问和利用不同来源的信息资源，提高了信息的可及性和可利用性。

（三）标准化数据格式

1.JSON、XML 等数据格式

在信息资源交换中，标准化的数据格式起着关键作用。常见的数据格式包括 JSON

(JavaScript Object Notation)、XML（Extensible Markup Language）等。这些格式能够规范数据的组织结构，使得不同系统之间能够理解和解析数据。通过采用标准的数据格式，科技信息资源可以更容易地进行跨平台和跨系统的交换和共享。

2. 在科技信息资源管理中的应用

在科技信息资源管理中，采用标准化的数据格式有助于提高信息资源的互操作性。科研机构、数据库和科技企业等不同组织可以通过遵循相同的数据格式标准，更加顺畅地进行信息资源的交换。这种标准化的数据格式不仅有助于降低信息交换的技术难度，还能够减少信息失真和丢失，从而确保信息资源在不同系统之间的一致性。

（三）安全和隐私协议

1. 保障信息资源的安全性

在科技信息资源的共享与交换中，保障信息资源的安全性是至关重要的。安全和隐私协议的制定能够规范信息资源的使用和传输，防范潜在的风险和威胁。这包括对敏感信息的加密、身份验证机制的建立等方面。

2. 在科技信息资源管理中的应用

在科技信息资源管理中，科研机构、学术出版社等不同组织需要建立安全和隐私协议，明确信息资源共享过程中的责任和义务。这有助于保护知识产权、防范恶意攻击，同时也能够增加用户对信息资源共享的信任度。安全和隐私协议的制定需要综合考虑法律法规、伦理规范和技术手段，以全面保障信息资源的安全性。

第五章　科技信息资源的保护与安全

第一节　科技信息资源的保护策略与措施

保护科技信息资源的策略与措施可以从以下几个方面入手：

一、知识产权保护

（一）专利保护

1. 专利管理制度的建立与规范

专利保护的重要性在于确保创新成果的合法权益，并在科技领域中取得竞争优势。为实现有效的专利保护，建立和规范专利管理制度至关重要。组织应当在管理体系中设立专利管理部门或委员会，以确保专利事务能够得到专业和系统的处理。

首先，组织需要明确专利管理的责任和职能。专利管理部门或委员会应当负责协调和执行专利事务，包括专利的申请、审查、维持和运营。这有助于保障专利管理工作的专业性和高效性。

其次，建立专利管理手册是规范专利管理制度的关键。该手册应详细说明专利管理的各个环节，包括专利申请的程序、审查标准、专利维持和更新的规定等。这有助于组织内部各相关人员理解和遵守专利管理规程，以确保专利事务的有序进行。

在专利申请阶段，组织需要制定明确的流程，以确保创新成果能够及时而有效地申请专利保护。这包括创新发现的报备程序、专利检索和分析的步骤，以及专利申请文件的准备要求等。

专利审查阶段需要建立有效的沟通机制，确保专利申请能够顺利通过审查。这可能涉及与专利审查员的交流、提供附加文件或解释等工作，以增加专利申请获批的概率。

专利的维持和更新也是专利管理制度的关键组成部分。组织需要制订专利费用支付和维持的计划，以确保已获得专利的保护能够持续有效。此外，组织还需要及时了解专利法律法规的变化，对已有专利进行合理的更新和调整，以适应新的法规和市场需求。

最后，专利管理制度还应强调专利信息的保密性和安全性。组织应建立起一套科学的专利信息管理系统，以确保专利文件和信息不被非法获取或泄露。

2.专利检索与分析

在知识产权领域,专利检索与分析是申请专利前的关键步骤,对确保专利的创新性和可实施性至关重要。进行全面而系统的专利检索有助于避免重复发明,提高专利的通过概率,同时也为了解竞争对手的专利情况提供了重要的参考。

专业人才在专利检索中起着至关重要的作用。他们需要具备深厚的专业知识,熟悉相关领域的技术和法规。通过使用专业的检索工具和数据库,这些专业人才能够全面地查找已有的专利文献,从而确保所申请的专利在技术上的独创性。

专利检索的目标是找出与所申请专利相似的现有专利,以评估创新性和可实施性。这需要对专利文献进行详尽的分析,包括专利的技术领域、主要内容、创新点等方面。通过专业的技术分析,可以判断所申请的专利是否存在先前的技术公开,并为申请专利提供有力的支持。

同时,专利检索也有助于了解竞争对手的专利布局和技术方向。通过分析竞争对手的专利情况,组织可以更好地制定创新战略,避免侵权行为,并寻找可能的合作机会。竞争对手的专利布局也为组织提供了市场竞争的重要信息,有助于组织制定更有针对性的业务战略。

在专利检索与分析的过程中,除了依赖专业人才的经验,还可以借助人工智能和大数据分析等先进技术。这些技术可以加速大规模的专利检索和分析,提高效率和准确性,使组织更好地应对复杂多变的知识产权环境。

3.及时申请专利

在科技领域,及时申请专利是保护知识产权、确保创新成果得到充分保护的至关重要的步骤。一旦创新成果符合专利标准,即具有新颖性、创造性和可实施性,组织应立即启动专利申请程序,以确保在激烈的科技竞争中能够取得先发优势。及时申请专利的重要性体现在多个方面:

首先,专利的授予是有时效性的,先申请者有可能获得专利权。在科技领域,创新速度较快,同一领域可能会有多个团队独立进行研究。如果组织能够在竞争对手之前提交专利申请,就有机会成为该领域的专利持有者,从而在市场上获得竞争优势。

其次,及时申请专利可以避免知识产权的泄露。在科研过程中,很多创新成果需要在论文、会议报告等形式下进行公开。如果在公开前未提交专利申请,就有可能使得创新成果被他人复制或申请专利,从而导致知识产权的丧失。

最后,要关注国内外专利申请的截止日期。不同国家和地区的专利法规可能有不同的截止期限,及时了解并提前准备专利申请材料是确保申请成功的关键。

4.专利权的有效维持

专利权的有效维持对于知识产权的全面保护至关重要。为了确保专利在有效期内持续发挥作用,组织需要建立专门的专利维持管理体系,采取一系列措施来保障专利的长期有效性。

首先，定期缴纳专利年费是维持专利权的基本步骤。专利权通常在授予后需要定期支付年费，而未及时缴纳年费可能导致专利权失效。组织应该建立严格的缴费提醒机制，确保在规定的时间内完成年费的缴纳，避免因疏忽而失去专利权益。

其次，建议进行专利维持费用的预算。这涉及对专利组合的整体管理和规划，包括评估每项专利的商业价值、技术价值及市场前景。通过合理的专利维持费用预算，组织能够更有效地管理专利组合，避免因费用问题而丧失重要的专利。

最后，对于可能受到侵权的情况，组织应及时采取法律手段维护专利权益。这可能包括提起专利侵权诉讼、参与专利无效宣告等行动，以保护专利免受他人侵犯。专业的知识产权律师在这一过程中发挥着关键作用，他们可以协助组织制定维权策略，为组织提供法律支持。

（二）商标保护

1. 商标注册的法律程序

商标注册是商标保护的关键步骤，而了解商标注册的法律程序对组织确保知识产权的合法性和有效性至关重要。以下是商标注册的法律程序及其管理的相关方面：

首先，组织在进行商标注册前，应该详细了解法规要求，确保所选择的商标符合法规标准。商标注册的法规涉及商标的独创性、可区分性等方面的要求。因此，在商标选择阶段，组织需要进行充分的商标审查，以确保选择的商标能够通过注册审查。

其次，建立商标注册流程是确保申请程序合法并迅速进行的关键。商标注册流程应该包括商标搜索、申请准备、提交申请、官方审查、公告、注册证书颁发等环节。通过建立清晰的流程，组织能够有序地进行商标注册，从而避免遗漏任何步骤。

在商标注册流程中，商标搜索是至关重要的一环。商标搜索有助于确定所选择商标是否与已有商标相似，以减少被拒绝的风险。组织可以借助专业的商标检索工具，对商标进行全面的检索和分析。

再次，及时的官方审查和公告环节也是商标注册过程中的重要环节。一旦商标申请通过官方审查，会被公告，公众有可能提出异议。组织需要及时应对任何可能的异议，以确保商标注册程序的顺利进行。

最后，获得商标注册证书后，组织还需要建立商标维护管理体系，包括商标维护费用的预算和缴纳、商标使用的监测等，以确保商标的合法权益能够得到持续保护。

2. 商标的策略性选择

商标的选择对于组织在市场上建立独特形象和提高品牌辨识度至关重要。在商标选择过程中，需要考虑独特性和区分性，以确保商标在竞争激烈的市场中脱颖而出。同时，制定商标策略是确保商标与组织品牌形象和业务特点相一致的关键一环，该策略运用得当可以提高商标的商业价值。

首先，商标的独特性是商标选择的基本原则之一。独特的商标更容易在市场上引起注意,避免与其他商标混淆。通过充分的商标搜索和分析,组织可以确保所选择的商标在法律和商业层面都具备足够的独特性,以避免侵权和混淆。

其次,商标的区分性是商标选择的另一重要考虑因素。一个好的商标应该能够明显区分组织的产品或服务与竞争对手的产品或服务。通过具有强烈的区分性,商标能够在消费者心中建立起独特的形象,从而提高品牌辨识度。

制定商标策略涉及将商标与组织的整体品牌形象和业务特点相协调一致。商标不仅仅是一个标识,更是组织的品牌代表。在商标策略中,需要考虑商标的表达方式、颜色、字体等元素,以确保商标能够传达出组织所希望传达的形象和价值观。

最后,商标策略还需要考虑商标的适应性和扩展性。商标应该具备足够的适应性,能够适用于组织未来可能扩展的业务领域。灵活的商标策略有助于组织更好地适应市场变化和业务拓展。

3. 定期商标监测与更新

商标保护是一个持续的过程,不仅包括注册时的考虑,还需要定期进行商标监测和更新,以适应业务的发展和变化。建立商标监测机制是确保商标保护的有效手段,同时及时更新商标也是维护商标有效性的必要措施。

首先,商标监测是商标保护的重要环节。组织应该建立定期的商标监测机制,通过专业的商标监测工具和服务,对市场上的商标使用情况进行全面监测。这有助于及时发现可能的侵权行为,保护商标免受他人侵害。监测的内容包括市场竞争对手的商标使用情况、相似商标的注册情况等,这些监测可以帮助组织迅速应对潜在的商标冲突。

其次,商标的选择和注册也需要及时更新。随着业务的发展和变化,原有商标可能无法完全适应新的市场环境和业务方向。因此,组织需要定期评估现有商标的适应性,并根据需要进行商标的更新和注册。这包括可能涉及业务扩展、产品线调整等情况,这些举措可以确保商标能够有效地支持组织的品牌形象和业务发展。

最后,商标监测和更新需要结合法律手段进行。一旦发现侵权行为,组织应迅速采取法律手段进行维权,以保护商标的合法权益。这可能包括发送警告函、提起诉讼等措施,这些措施可以确保商标在法律框架下得到有效保护。

4. 建立商标管理系统

建立商标管理系统是组织有效管理商标权益的重要步骤。这一系统应该全面覆盖商标的各个方面,包括使用管理、权益审查和更新、维权记录等,以确保商标管理工作的有序进行。

首先,商标的使用管理是商标管理系统的核心组成部分之一。组织需要建立详细的商标使用管理规定,明确商标的合法使用范围、标准和要求。通过制定规范的使用政策,组织可以有效控制商标的使用,避免不当的商标使用行为,维护商标的合法权益。

其次,商标权益的审查和更新是商标管理系统的关键环节。组织应该建立定期的商标审查机制,对商标权益进行审查和评估,以确保商标仍然符合法规要求和组织的品牌形象。同时，对商标进行更新，包括根据业务发展调整商标的使用范围和领域，以保持商标的时效性和适应性。

再次，商标权益的维权记录也是商标管理系统的必备元素。组织需要建立完善的维权记录档案，记录商标维权的所有过程，包括发现侵权行为、采取的法律手段和维权结果。这有助于组织在面临类似问题时更具经验，从而提高维权效果。

最后，建立完善的商标档案是商标管理系统的重要组成部分。商标档案应包括商标的注册证书、使用证明、审查和更新记录、维权记录等相关文件，以便随时查阅和管理。通过建立有序的商标档案，组织可以更加高效地进行商标管理工作。

（三）数字版权管理系统

1. 数字版权管理系统的技术应用

数字版权管理系统采用一系列技术手段来确保数字内容的安全性和合法使用，为组织提供了有效的数字版权保护解决方案。深入了解这些技术原理对于选择适合自身需求的系统并确保系统的稳定性和可靠性至关重要。

首先，加密技术是数字版权管理系统的核心要素之一。通过采用先进的加密算法，系统能够对数字内容进行加密，使其在传输和存储过程中难以被非法获取。这有助于保护数字内容的机密性，防止未经授权的访问和复制。

其次，数字水印技术是数字版权管理系统的重要组成部分。数字水印是一种嵌入数字内容中的不可见信息，类似于人类指纹，其能够识别数字内容的唯一性。通过嵌入数字水印，系统能够追踪和验证数字内容的来源，从而提高内容的真实性和版权归属的可追溯性。

再次，访问控制技术也是数字版权管理系统的重要保护手段。系统可以通过建立访问控制和权限管理机制，限制对数字内容的访问权限，确保只有经过授权的用户才能够获取和使用受保护的数字内容。这有助于防止未授权的用户对数字内容的传播和使用，维护数字版权的合法性。

最后，数字版权管理系统还常常结合了数字签名技术，通过数字签名对数字内容进行身份验证和完整性验证。数字签名可以确保数字内容在传输和存储过程中没有被篡改，增强了内容的可信度和安全性。

2. 合理的数字版权授权与管理

数字版权管理系统的有效运作不仅仅依赖于技术手段，还需要制定合理的数字版权授权与管理政策。这些政策涵盖了对数字内容的授权方式、使用期限、授权费用等方面的规定，旨在平衡信息资源的开放与保护，为数字版权的合理利用提供指导和框架。

首先，数字版权授权政策需要明确规定不同类型数字内容的授权方式。对于不同性质的数字资源，可以采用不同的授权形式，如单一授权、多元授权或排他性授权。这有助于根据内容的特点灵活调整授权模式，满足用户多样化的需求。

其次，授权政策还需要设定明确的使用期限。规定数字内容的使用期限可以有效控制内容的流通时间，确保在授权期间内对数字内容的合法使用，同时防止超过期限的非法传播。合理的使用期限设计有助于平衡信息资源的利用和保护之间的关系。

授权费用是数字版权管理系统中一个重要的考虑因素。制定合理的授权费用标准，考虑到内容的价值、使用范围和用户群体等因素，有助于保障版权持有者的权益，同时为用户提供合理的获取成本。透明的费用体系也有助于建立公正的数字版权市场。

再次，数字版权授权政策还需要综合考虑创作者、用户和平台之间的利益平衡。在数字版权授权的过程中，需要确保创作者获得公平的报酬，用户享有合理的使用权，平台能够在合法框架内提供数字内容的服务。

最后，数字版权管理系统的授权政策应具有灵活性，能够随着技术、市场和法律环境的变化进行调整。这有助于适应不断变化的数字环境，提高数字版权管理的适用性和可持续性。

3. 数字版权管理系统的合规性

数字版权管理系统的运营必须与相关法律法规保持合规性，这是确保系统合法、稳定运作的重要前提。组织在设计和操作数字版权管理系统时，应深入了解国家和地区的数字版权法规，确保系统的运作不仅满足业务需求，还遵循法规的要求，保障数字版权的合法权益。

首先，数字版权管理系统需要与国家和地区的数字版权法规相一致。不同地区可能有不同的法规框架，包括关于数字内容的著作权、发行权、表演权等方面的规定。系统的设计和运营应当遵循这些法规，以确保数字版权的合法性和有效性。

其次，组织应该密切关注法规的变化，及时更新数字版权管理系统以适应新的法规要求。数字版权领域的法规可能随着技术和社会的发展而调整和完善，因此，系统需要具备灵活性，及时调整和更新，以确保数字版权的合规性和适应性。

在数字版权管理系统的运营过程中，要建立专门的法律事务管理团队或机构，负责跟踪和解读相关法规，以确保系统的设计和操作不违反法律规定。这需要法务专业人才深入了解数字版权领域的法规，同时具备对技术系统的理解，以有效协调法律合规和技术实现之间的关系。

最后，数字版权管理系统还应该具备相关的法规遵从性检测和报告机制。定期进行法规合规性检查，以确保系统的运营不受到法规的干扰，这有助于提高系统的稳定性和可持续性。

4. 定期的数字版权系统审查

定期的数字版权系统审查是确保系统在技术和法律两个层面合规运作的重要环节。这一审查不仅仅关注技术层面的稳定性和安全性，还着重于法律合规性，以确保数字版权管理系统在法规框架内运行，从而保障数字版权的合法权益。

技术审查方面，组织需要定期对数字版权管理系统进行全面而系统的审查。这包括系统的架构、算法、数据处理流程等技术方面的内容。通过技术审查，组织可以发现潜在的安全隐患、性能问题或者改进的空间，从而保障数字版权管理系统的稳定性和可靠性。

法律审查方面，组织可以委托专业律师对数字版权管理系统的运营合规性进行审查。律师需要深入了解国家和地区的数字版权法规，结合系统的具体运作情况进行审查。这有助于发现可能存在的法律风险和合规性问题，从而确保数字版权管理系统在法规框架内合法运营。

二、数据安全保护

（一）数据备份系统

1. 建立详细的数据备份策略

建立详细的数据备份策略是确保数据安全的重要步骤。备份策略应该全面考虑备份的频率、备份的数据类型和目标数据、备份的存储介质等关键细节，以应对不同情况和降低数据丢失的风险。

首先，备份的频率是备份策略中的核心考量之一。组织需要明确制订定期备份的计划，确保数据能够及时、全面地得到备份。对于关键数据，可以考虑更加频繁地备份，以确保数据的实时性和可用性。

其次，备份的数据类型和目标数据需要清晰定义。不同的数据可能有不同的重要性和敏感性，因此，制定备份策略时需要明确哪些数据是需要备份的，以及备份的数据应该覆盖到哪个时间点。目标数据的明确定义有助于精确还原数据，减少信息丢失的可能性。

备份的存储介质也是备份策略中需要仔细考虑的方面。存储介质的选择可以影响备份的速度、成本和可靠性。常见的存储介质包括硬盘、云存储、磁带等，每种介质都有其优缺点，需要根据实际需求做出明智选择。

再次，备份策略还应该考虑数据的完整性和可恢复性。确保备份数据完整，可以保障数据成功还原成可用状态。测试备份恢复过程是评估备份策略是否有效的关键一步，可以通过模拟数据丢失的情境，验证备份策略的可靠性。

最后，备份策略应具有灵活性，能够根据业务需求和技术环境的变化进行调整。随着业务的发展和数据量的增加，备份策略需要不断优化，以适应新的挑战和要求。

2. 定期进行全量和增量备份

定期进行全量和增量备份是一种综合而有效的数据备份策略。该策略涵盖了两个关键方面：全量备份和增量备份。这两种备份策略可以最大程度地提高备份效率、降低存储空间占用，并同时保障数据的完整性。

全量备份是指将所有的数据都进行备份，包括数据库、文件系统等。这种备份方式的优点在于，一旦数据发生丢失或损坏，可以通过还原全量备份来完全恢复数据。全量备份适用于对数据实时性要求不高、但对数据完整性和可用性要求较高的场景。

增量备份是在上一次备份的基础上，只备份自上次备份以来发生变化的数据。这样的备份方式具有高效性，因为只需备份发生变化的部分，节省了存储空间和备份时间。增量备份适用于对数据实时性要求高、但在数据还原时可以接受按照备份链逐步还原的场景。

将全量备份和增量备份结合起来，可以形成一个完整的备份链。通常，在每次全量备份之后，进行连续的增量备份，以捕捉自上次备份以来的变化。这种备份链的形式可以在保障全量备份的同时，减少增量备份的存储空间需求，提高备份的效率。

这两种备份策略的实施需要在业务需求和存储成本之间进行权衡。全量备份保证了数据的完整性和可用性，而增量备份提供了高效的备份机制。通过合理配置备份频率和存储介质，组织可以实现在不同情境下的数据保护和灾难恢复。

3.多地化备份存储

多地化备份存储是一种有效的策略，旨在应对地域性灾害对数据的影响。通过在不同的地理位置存储备份数据，可以确保即使某一地区发生灾害，其他地点的备份数据仍然可用。这一策略的实施有助于提高信息资源的灾备能力，从而保障数据的安全性和可用性。

在选择地理位置时，需要综合考虑多个因素，以确保备份数据的安全性和可靠性。首先，地理位置的选择应考虑自然灾害的分布情况，包括地震、洪水、火灾等。选择相对安全的区域有助于减小地域性灾害对备份数据的冲击。

其次，跨地域备份可能涉及网络传输，因此需要考虑网络带宽和延迟。确保备份的及时性对于应对紧急情况至关重要。同时，需要保证备份数据的同步和一致性，避免因时间差或其他因素导致的数据不一致。

最后，不同地区可能存在不同的法规和合规性要求，因此在多地化备份存储的过程中，必须确保备份存储的数据符合各地的法规标准。合规性是信息资源管理中不可忽视的方面，特别是对于涉及跨境备份的组织而言。

通过多地化备份存储，即使某一地区发生地域性灾害，组织仍能够从其他地点恢复备份数据，这就降低了单一地点带来的风险。这一策略在信息资源管理实际应用中具有重要作用，尤其是对数据安全性有高要求的组织而言。

4.定期进行备份测试和恢复演练

为确保备份系统的可靠性，组织应当定期进行备份测试和恢复演练。这一过程旨在验证备份系统的稳定性和可用性，以应对各类紧急情况和灾害事件。

备份测试是评估备份数据完整性和准确性的重要手段。通过定期对备份数据进行测试，组织可以确保备份的数据没有损坏、遗漏或其他异常情况。这有助于预防在实际灾害或数据丢失的情况下，备份数据无法正常恢复的问题。测试的频率应根据组织的需求和备份系统的特点进行科学合理的规划。

同时，恢复演练是验证备份系统的实际应用性的重要环节。通过模拟实际灾难场景，组织可以测试备份系统在各种紧急情况下的响应速度和效果。这包括恢复数据的速度、数据一致性、系统可用性等方面的考核。演练的结果可以为组织改进备份策略和流程提供有利的参考。

在进行备份测试和恢复演练时，组织需要充分考虑以下几个方面：首先，确保测试的数据集和场景具有代表性，能够涵盖组织关键数据和系统；其次，制订详细的测试计划，包括测试的步骤、标准和评估指标；最后，对备份系统的性能和恢复效果进行全面监控和记录，以便及时发现和解决潜在问题。

（二）加密存储和传输

1. 选择适当的加密算法

首先，加密存储和传输的有效性直接依赖于选择适当的加密算法。在信息资源管理中，数据的保密性至关重要，而合适的加密算法则是实现这一要求的关键一环。其中，高级加密标准（Advanced Encryption Standard，AES）是一种被广泛采用的对称加密算法，其在保障数据安全性方面表现卓越。

其次，选择适当的加密算法需要综合考虑数据的敏感程度、算法的安全性及性能等因素。对于高度敏感的数据，可以选择采用 AES 等强加密算法，其使用 128、192 或 256 位密钥长度，这为数据的保密提供了足够的安全强度。AES 作为对称加密算法，具有高效性和广泛支持，适用于各类存储和传输场景。

再次，加密算法的安全性需要不断关注和评估。随着计算能力的提升和密码分析技术的发展，某些加密算法可能会面临风险。因此，定期审查和更新加密算法是信息资源管理中的一项重要任务。组织应该密切关注密码学领域的最新研究成果和安全标准，以确保所采用的加密算法在安全性上仍然处于可接受的水平。

最后，加密算法的选择也需考虑到系统的性能和实际运行环境。一些加密算法可能会对系统性能产生一定的影响，因此在保障安全性的前提下，需要考虑平衡性能和安全性的需求。同时，对于特定应用场景，可能需要定制化的加密方案，以满足实际业务的要求。

2. 对存储介质实施强化加密

为了确保数据在存储介质上的安全性，实施强化加密是一项关键的安全措施。这可以通过硬件加密或软件加密等多种手段来实现。在选择加密方式时，需要综合考虑安全性、设备兼容性及管理难度等因素，以便制定最适合组织需求的加密策略。

硬件加密是一种较为安全的加密方式，它通常利用专门的硬件设备（如加密芯片）来执行加密和解密操作。这种方式下，密钥管理和算法执行都在硬件级别进行，相对较难受到恶意攻击。硬件加密还具有高性能的特点，对系统性能的影响相对较小。然而，硬件加密也可能面临设备兼容性的挑战，需要确保硬件设备能够被系统充分支持。

相较之下，软件加密是在系统的软件层面实现加密和解密操作。在这种方式下，加密算法和密钥管理完全由软件控制，相对灵活且易于实施。然而，软件加密的安全性相对较低，可能会受到软件漏洞和恶意软件的影响。因此，在选择软件加密时，组织需要采取额外的安全措施来加固系统。

在实际应用中，通常需要根据具体的安全需求和实际情况进行权衡。对于高度敏感的数据，尤其是在存储介质上的数据，可以考虑采用硬件加密以提高安全性。而对于一般性的数据，软件加密可能是一种更为灵活和经济的选择。此外，为了提高整体安全性，还可以考虑采用混合加密策略，以充分发挥硬件加密和软件加密各自的优势。

3. 采用 SSL/TLS 等传输层加密协议

为了防止数据在传输过程中被窃听，组织应采用 SSL/TLS 等传输层加密协议。这些协议通过对数据流进行加密，确保数据在网络传输中的安全性。采用传输层加密协议是信息安全管理的一项基础性措施，特别适用于通过互联网或其他不安全网络进行数据传输的场景。

SSL（Secure Sockets Layer）和 TLS（Transport Layer Security）是两种常用的传输层加密协议，它们在建立安全通信通道的过程中使用加密技术，包括对数据的加密、身份验证和数据完整性保护。以下是采用 SSL/TLS 等传输层加密协议的一些关键方面：

（1）通信加密

SSL/TLS 通过使用加密算法对数据进行加密，以确保在传输过程中即使被截获，也难以解读。这有助于防止敏感信息在网络中被窃取。

（2）身份验证

SSL/TLS 协议支持服务器和客户端之间的身份验证，可以用来确保通信的两端是合法的。这有助于防止中间人攻击和欺诈。

（3）数据完整性

SSL/TLS 通过使用哈希函数等技术保障数据的完整性，以确保数据在传输过程中没有被篡改。

（4）配置服务器和应用程序

组织需要配置其服务器和应用程序以支持 SSL/TLS 协议。这包括选择适当的协议版本、加密算法和密钥长度等参数。

采用 SSL/TLS 等传输层加密协议有助于提高数据传输的安全性，特别是在涉及敏感信息的场景下，如金融交易、用户登录等。在信息资源管理中，保障数据在传输中的机密性、完整性和身份验证是确保整个信息系统安全性的重要环节。

4. 建立安全的密钥管理体系

为确保加密系统的安全性，组织应建立健全的密钥管理体系。密钥管理是加密安全性的核心，涉及密钥的生成、存储、分发、轮换等多个方面。以下是建立安全的密钥管理体系的关键方面：

（1）密钥生成

组织需要使用强密码学算法生成安全的密钥。密钥的生成应该是随机的、不可预测的，并符合密码学的最佳实践。

（2）密钥存储

密钥的存储应该采用安全的存储手段，防止未经授权的访问。硬件安全模块（HSM）

等物理设备可以用于提高密钥存储的安全性。

（3）密钥分发

在确保安全的传输通道的前提下，密钥需要安全地分发给相关的系统。采用安全的密钥协商机制，如 Diffie-Hellman 密钥交换协议，有助于在通信中安全地分发密钥。

（4）密钥轮换

定期对密钥进行轮换是确保安全性的关键步骤。即使是安全的密钥，长时间使用也可能有暴露的风险。密钥轮换有助于应对密码学攻击的演进和变化。

（5）更新密钥策略

组织需要建立明确的密钥策略，包括密钥的有效期、轮换频率、访问控制等。随着安全环境的变化，定期审查和更新密钥策略是确保体系长期保持安全性的关键。

（6）合规性和监管要求

密钥管理体系需要符合相关法规和监管要求。这可能包括数据保护法规、行业标准等方面的规定。确保密钥管理体系的合规性对组织而言至关重要。

（三）访问控制和权限管理

1. 制定细致的访问控制策略

访问控制在信息资源安全中扮演着至关重要的角色，而基于最小权限原则的访问控制策略则是确保系统安全性的重要手段。该策略旨在确保每位用户只能访问其工作职责所需的数据，同时避免赋予其不必要的权限，从而最大程度地降低潜在的安全风险。

首要的原则是基于最小权限原则的理念，即用户在系统中仅被授予完成其工作所需的最低权限。这要求系统管理员详细了解每个用户的工作职责，以便有针对性地配置其权限。通过此举，可以有效减少用户对系统资源的不必要访问，从而最大程度地降低系统遭受潜在攻击的风险。

为了实现这一策略，维护详尽的访问控制列表是至关重要的。访问控制列表是一个规定了用户或系统中其他主体对对象（如文件、数据库等）访问权限的清单。通过仔细维护访问控制列表，系统管理员可以确保每个用户仅具有其职责所需的权限，而无需访问其工作范围之外的资源。这为系统提供了更为细致和精确的权限管理，有助于防范未经授权的访问。

除了基于最小权限原则外，访问控制策略还需要考虑到用户的身份验证和授权过程。强化身份验证机制，例如双因素认证，可以增加系统的安全性。同时，授权过程应当及时更新，以确保用户的权限与其工作职责的变化相适应。

2. 强化身份认证机制

强化身份认证机制是确保信息系统安全性的关键步骤，尤其是在防止未经授权访问方面。采用多因素认证方式是一种有效的方法，通过结合多个身份验证要素，提高了身份验证的安全性，增加了系统的抵御能力。

其中，密码加令牌是一种常见的多因素认证方式。用户需要提供密码和令牌（如硬件或软件生成的动态验证码）两个因素，以确保身份验证的可靠性。这种方式避免了单一因素认证的弱点，有效降低了密码被破解或盗用的风险。

生物识别技术也是一种重要的多因素认证方式。通过采集个体的生物特征，如指纹、虹膜、人脸等，进行身份验证。生物识别技术具有高度的个体唯一性和难以伪造的特点，其提高了身份认证的安全性。然而，生物识别技术也需要谨慎使用，应考虑隐私和伦理问题。

及时禁用或删除离职员工的账户是强化身份认证机制的另一个关键方面。离职员工的账户如果保留或滞留在系统中，可能成为潜在的安全风险点。及时禁用或删除离职员工的账户，可以有效减少账户被滥用的风险，从而确保系统仅对合法授权的用户开放。

除了多因素认证和离职员工账户管理，还应考虑定期审查和更新身份认证策略。随着安全威胁的不断演变，身份认证机制也需要不断升级和调整，以适应新的安全挑战。定期审查和更新能够确保身份认证机制的持续有效性，从而提高系统的整体安全水平。

3. 定期审查和更新权限

定期审查和更新访问权限是信息系统安全管理中至关重要的一环。访问权限的合理管理能够有效防止滥用权限，从而保障系统的合规性和安全性。为了实现这一目标，建立定期的权限审查机制是必不可少的，通过对现有用户的权限进行定期审查，系统管理员可以及时撤销不再需要的权限，以确保权限的及时更新。

定期的权限审查机制需要明确"定期"，例如每季度或每年进行一次全面的审查。在审查的过程中，系统管理员应当仔细核对每个用户的权限设置，以确认其是否符合当前工作职责的需要。对于不再需要的权限，应当及时予以撤销，避免因权限的滞留而增加潜在的安全风险。

及时更新权限是定期审查的延续，其能够确保系统的权限设置与组织的变化相适应。随着组织结构的调整、员工职责的变化，访问权限需要不断地进行更新，以保持其与实际需求的一致性。这需要系统管理员密切关注组织内部的变化，并灵活调整权限设置，以确保系统的灵活性和适应性。

定期审查和更新访问权限的机制还有助于系统的合规性。合规性要求系统中的访问权限必须符合相关法规和政策，而通过定期审查和更新，系统管理员可以及时发现并纠正不符合合规性的权限设置，避免因此而产生的潜在法律风险。

4. 使用网络防火墙和入侵监测系统

在信息系统的网络安全管理中，采用网络防火墙和入侵监测系统是至关重要的措施。这两种系统在网络层面发挥着关键的作用，能够有效防止未经授权的网络访问，提高信息资源的网络安全性。

网络防火墙作为网络安全的第一道防线，通过设定网络策略，对网络流量进行监测和管理，起到了防范外部攻击的重要作用。防火墙通过实施访问控制、数据包过滤等手段，限制了对系统的非法访问，保障了网络的稳定和安全运行。合理的网络策略可以根据业务需求对网络流量进行精确控制，确保合法的数据传输，同时阻止潜在的恶意攻击。

入侵检测系统则是在网络层次上对异常行为和潜在攻击进行监测和识别的重要工具。通过分析网络流量、系统日志等信息，入侵检测系统能够及时发现并警报可能存在的网络攻击。这使得系统管理员能够在攻击发生前采取相应的措施，有效防止潜在的安全威胁。入侵监测系统的实时监测功能为网络安全提供了主动性的防护手段，使系统能够更具抵御能力。

三、物理安全防护

（一）安全机房和服务器房

1. 建立严密的安全机房和服务器房

在科技信息资源管理中，建立严密的安全机房和服务器房是保障物理安全的首要任务。这涉及房间的建筑结构、防护性能及对自然灾害的抵抗能力，是信息系统安全的基础保障之一。

首先，安全机房和服务器房的建筑结构必须符合安全标准。这包括墙壁、门窗等部分应当具备足够的防护性，以防止未经授权的人员进入，从而确保信息系统得到有效的物理隔离。同时，采用高强度的建筑材料，这可以提高房间的整体耐久性和抗破坏性。

其次，抗震设计是安全机房和服务器房的重要考量因素之一。地震是一种常见的自然灾害，能够对建筑物造成严重影响。采用抗震设计，可以有效减轻地震对建筑物的破坏程度，保障信息系统在地震发生时的稳定运行。

最后，考虑到火灾等灾害因素，采用耐火材料也是必要的。服务器房内的设备通常会产生一定的热量，在特殊情况下可能引发火灾。采用能够耐高温的建筑材料，可以提高房间对火灾的抵抗能力，从而确保信息系统在火灾发生时能够继续运行，并减少损失。

2. 实施严格的进出控制

为了确保信息系统的物理安全，实施严格的进出控制是至关重要的。通过建立进出控制系统，采用门禁系统、指纹识别等高级技术手段，可以有效地限制进入机房和服务器房的人员，从而保障物理空间的安全。

门禁系统是一种常见而有效的进出控制手段。通过设置门禁设备，只有授权人员持有有效身份凭证才能够进入机房和服务器房。这种系统不仅能够有效地限制非法进入，还能够记录人员的进出情况，为后续的审计提供便利。

指纹识别技术作为一种生物特征识别手段，也被广泛应用于进出控制。通过采集和验证人员的指纹信息，系统可以精确地辨认授权人员，防止非法人员进入。这种高级的生物识别技术具有较高的安全性和准确性。

通过结合门禁系统和指纹识别技术，可以建立起严密而有效的进出控制体系。只有经过授权且经过生物特征验证的人员，才能够顺利进入物理空间。这不仅提高了系统的安全性，也减小了被未经授权人员访问的风险。

3. 配置监控摄像头

为了提高信息系统的物理安全，配置监控摄像头是一项关键的措施。通过在安全机房和服务器房内部安装监控摄像头，可以实时监控房间内的情况，提高对物理空间的全面监管。

监控摄像头能够及时发现异常情况。通过实时监控，监控人员可以迅速发现未经授权的人员、异常行为或其他可能威胁到物理安全的情况。这有助于在问题发生之初组织就能够采取相应的处理措施，从而防止了事态的扩大。

监控摄像头记录的视频还可以作为事后审查的重要依据。如果发生了安全事件，监控录像可以提供还原事件经过的关键信息。通过回放监控录像，可以更加准确地了解事件发生的经过，这有助于进行事后的审查和分析，并为改进安全措施提供经验教训。

配置监控摄像头不仅可以防范未经授权的访问，还可以对房间内部的活动进行全面记录。这种全面监管的实践有助于保障信息系统的物理安全，是信息系统安全管理中的一项必要手段。

4. 周期性安全巡检

为了确保信息系统的物理安全，建立周期性的安全巡检制度是一项非常重要的管理措施。通过定期由专业人员对安全机房和服务器房进行检查，可以及时发现并解决潜在的安全隐患，保障物理空间的安全和正常运行。

首先，安全巡检的内容应包括设备运行状态的检查。专业人员需要对服务器、网络设备等硬件设备的运行情况进行全面检查，以确保设备工作正常、无异常情况，并及时进行维护和修复。

其次，防火设施的有效性是安全巡检的重要方面。检查防火墙、灭火器等安全设备的有效性，以确保在发生火灾等紧急情况时，相关人员能够迅速而有效地采取措施，保障物理空间的安全。

最后，对进出记录进行审查也是安全巡检的一项关键任务。通过检查进入安全机房和服务器房的人员记录，组织可以追踪和验证授权人员的进出情况，防止未经授权的人员进入物理空间。

建立定期的安全巡检制度有助于形成常态化的安全管理机制，不仅可以发现和解决当前存在的问题，还可以预防潜在的风险，从而提高信息系统的整体安全性。

（二）访问权限控制

1. 建立访问日志

为了加强信息系统的物理安全管理，建立访问日志是一项至关重要的措施。在机房和服务器房内建立详细的访问日志，记录每一次的进出情况，这些日志不仅有助于追踪异常情况，也能够成为日后审计和分析的重要依据。

访问日志的建立首先能够提供全面的进出记录，记录每位用户或工作人员的访问时间、频次和持续时间等信息。通过对这些详细信息的监控，可以实时了解谁在何时进入了机房或服务器房，为安全管理提供了实时的数据支持。

其次，访问日志是发现异常行为的有效手段。通过对访问日志的定期审查，组织可以及时发现异常访问行为，如非工作时间的进入、频繁的访问等。这有助于组织迅速采取措施，加强对可能的安全威胁的防范。

访问日志还为日后的审计和分析提供了可靠的依据。在发生安全事件或需要了解历史访问记录时，访问日志可以为相关人员提供翔实的数据，帮助他们更好地了解事件经过和定位问题。

2.定期审查和更新权限

为了维护信息系统的安全性，定期审查和更新访问权限是一项至关重要的措施。访问权限控制并非一成不变的系统配置，而是需要定期进行审查和更新的，以确保权限设置的及时性和有效性。

定期审查访问权限的过程首先涉及对系统中存在的权限进行全面的检查。通过仔细审查每个用户或用户组的权限设置，可以发现哪些权限已经不再需要或存在潜在的风险。这一过程需要充分地了解组织的业务需求和安全政策，以便确定每个用户所需的最小权限，这符合最小权限原则。

审查的结果将指导权限的调整和更新。对于不再需要的权限，应及时撤销，以减少系统的攻击面。对于存在风险的权限，可以考虑进行调整，限制其范围或提高审核流程的严格程度。这些调整需要谨慎操作，以确保系统的正常运行并保障其安全性。

定期更新访问权限还有助于适应组织内外部环境的变化。随着组织结构、业务流程和人员变动，访问权限的需求也会发生变化。通过定期更新权限，系统能够更好地适应这些变化，保持其与实际业务活动的一致性。

3.建立紧急权限撤销机制

在信息系统安全管理中，为了应对临时需要撤销权限的紧急情况，建立紧急权限撤销机制是一项关键举措。这一机制旨在确保在发现异常行为或危急情况时，系统能够迅速采取措施限制相应人员的访问权限，从而有效维护信息资源的安全性。

紧急权限撤销机制的建立需要考虑以下几个关键方面：

（1）实时监测和警报系统

部署实时监测和警报系统，能够及时捕捉到系统中的异常行为或可能的安全威胁。这包括对用户行为、登录模式和访问模式等进行实时监测，以便在发生紧急情况时能够迅速做出反应。

（2）权限撤销流程和流程审批

组织应确立清晰的权限撤销流程，包括响应时限、责任人和具体操作步骤。流程中应设定审批环节，以确保权限的撤销是在合理的情况下进行的，以避免出现滥用权限的撤销机制。

（3）身份验证机制

在采取权限撤销措施时，要确保采用有效的身份验证机制，以防止未经授权的人员滥用权限撤销功能。多因素身份验证方式可以提高验证的安全性。

（4）日志记录和审计

紧急权限撤销的操作应当被详细地记录在系统日志中，并进行审计。这有助于事后追踪和分析，从而确保权限撤销操作的合规性和合法性。

（5）培训和演练

对系统管理员和安全团队进行培训和定期演练，以提高其对紧急权限撤销机制的熟悉度和应对能力。演练可以在模拟环境中进行，以确保相关人员在真实紧急情况下的迅速而有效地响应。

（三）防火墙和监控设备

1. 部署物理防火墙

在机房和服务器房的物理层面部署防火墙，以防范未经授权的物理访问。物理防火墙能够有效隔离机房内外的风险，提高信息资源的安全性。

2. 实施实时监控

利用监控设备对机房和服务器房关键区域进行实时监控。监控系统能够及时发现异常情况，如有人未经授权进入或存在异常活动时，系统可以及时报警并采取相应措施。

3. 配置入侵检测系统

配置入侵检测系统，是指系统可以通过监测设备和网络流量，及时发现潜在的入侵行为。入侵监测系统能够分析网络流量模式和异常活动，提高对潜在威胁的感知能力，以确保信息资源的安全性。

4. 定期进行安全演练

建立定期的安全演练机制，模拟可能发生的物理安全事件，测试防火墙和监控设备的响应能力。安全演练可以帮助组织发现潜在的安全隐患，使组织及时调整物理安全防护策略，提升安全防护水平。

第二节　科技信息资源的保密与完整性

一、保密性在科技信息资源管理中的重要性

（一）信息资源的敏感性分析

1. 敏感性分析的定义与目的

在科技信息资源管理领域，敏感性分析是一项至关重要的步骤，其核心目的在于通过

对信息进行深入的分类和评估，明确哪些信息具有较高的保密需求，以便制定差异化的保密策略。这一过程不仅是信息安全管理的基石，同时也是维护组织重要数据的关键手段。

敏感性分析的首要任务是对各类信息进行全面而系统的分类。这包括了对信息的性质、价值及其对组织或研究项目的重要性等因素的综合考量。例如，研究中的创新性成果、涉及个人隐私的数据，以及专利申请等信息往往因其特殊性质而被视为高度敏感。通过深入挖掘这些因素，组织可以建立一个全面而精准的信息分类体系，为后续保密管理提供有利的条件。

一旦完成信息分类，接下来的任务就是对各类信息进行评估。这种评估不仅要考虑信息的基本性质，还需要综合考虑信息的实际应用场景、潜在的风险及可能面临的威胁。这一评估可以为各类信息确定不同的保密等级，使得保密策略更具差异性和针对性。例如，对于高度敏感的创新性成果，可能需要采取更加严格的保密措施，包括加密存储、限制访问权限等手段，以确保其不受到未经授权的访问和避免泄露的风险。

敏感性分析的最终目标是为制定差异化的保密策略提供科学依据。通过深入了解不同信息的敏感程度，组织可以有针对性地制定保密措施，以最大程度地确保高度敏感信息的安全性。这可能包括建立更加复杂的访问控制机制、加强物理安全措施，甚至在信息传输过程中采用高级加密技术。通过制定这些差异化的保密策略，科技信息资源管理能够更好地应对不同信息所面临的安全挑战，提高整体信息安全水平。

2. 分析因素与方法

在进行敏感性分析时，需要全面考虑多方面因素，以确保对信息的分类和评估具有科学合理性。首要考虑的因素之一是信息的性质。不同信息可能具有不同的特性，包括技术性、法律性、商业性等。对于技术性的信息，如研究中的创新性成果，其可能涉及前沿技术和知识，因此被视为高度敏感。同时，法律性信息如专利申请，以及涉及个人隐私的数据，也属于需要特别关注的敏感信息类别。

另一重要因素是信息的价值。信息的价值直接关系到其在组织或研究项目中的意义和重要性。创新性成果往往代表着组织的科技实力和竞争力，因此其价值较高；个人隐私数据可能关系到个体权益和道德责任；专利申请则可能代表企业的独特技术优势。在敏感性分析中，充分考虑信息的价值有助于更准确地确定哪些信息需要额外的保护，以维护其不可替代的价值。

对组织或研究项目的重要性的考虑也是敏感性分析的关键因素之一。不同信息对于组织或项目的贡献程度各异，因此其重要性也不同。例如，某项研究中的创新性成果可能对整个行业产生深远影响，而需要被视为高度敏感和重要的信息；反之，一些次要的信息可能在保密性上的要求相对较低。

为了更加系统地进行敏感性分析，可以采用不同的方法。一种常见的方法是制定综合的评估指标体系，涵盖信息的技术复杂性、法律合规性、商业战略关联性等多个方面。通过对这些指标的量化评估，组织可以更全面地了解信息的敏感性。此外，还可以采用专家咨询、风险评估工具等手段，以获取更为客观和科学的评估结果。

（二）合规性和法规遵循

1. 合规性管理的基本原则

在科技信息资源管理领域，合规性管理被视为一项至关重要的基本原则。其核心理念在于确保组织的信息管理活动符合相关法规和合规性要求，特别是在涉及保密性方面。合规性和法规遵循不仅是保密性管理的基本原则，更是整个信息安全体系的重要支柱，其目标在于维护信息的合法获取、使用和分享，以防止违反法规带来的潜在法律后果。

首要原则是确保科技信息资源管理的合法性。这包括了在信息收集、处理和传输的整个生命周期中，保证每一步都符合相关的法规要求。合法性要求信息的获取、使用和分享都必须在法律框架内进行，遵循隐私法规、知识产权法律等相关法规。通过明确这一原则，组织可以避免因违反法规而可能面临的罚款、法律诉讼等风险。

另一个关键原则是保障信息的机密性。合规性管理要求科技信息资源在整个处理过程中，尤其是在存储和传输环节，得到妥善地保护，以防止未经授权的访问和泄露。通过采用加密技术、访问控制措施等手段，组织可以确保高度敏感的信息受到适当的保护，从而防范潜在的信息泄露风险。

此外，合规性管理还要求建立全面的信息安全政策和流程。这包括制定和更新内部规定，确保组织成员都清楚了解并遵循相关的信息安全政策。通过培训和教育，组织成员能够更好地理解法规要求，增强信息安全意识，从而更有效地履行合规性管理的责任。

合规性管理的最终目标是降低组织面临的法律风险。通过遵循相关法规和合规性要求，组织能够避免潜在的法律后果，维护声誉和信誉。在合规性管理中，定期的合规性审查和监测也是确保组织信息安全符合法定标准的关键步骤。这种全面性的合规性管理，不仅是法律遵循的要求，也是对信息管理的一种高效的、可持续的方法。

2. 法规遵循的重要性

在保密性管理的实践中，遵循相关法规是一项至关重要的原则。特别是在涉及隐私和知识产权等方面的信息管理中，法规遵循的重要性不可忽视。这一原则的核心在于确保组织在信息的采集、处理和分享过程中，始终符合国家、地区或行业领域的相关法规要求。这种法规遵循的意义不仅在于维护组织的合法权益，更在于降低组织可能面临的法律风险。

隐私法规的遵循是确保个人隐私得到充分保护的基础。在信息社会的背景下，个人隐私的泄露可能对个体造成严重影响，因此相关法规制定了一系列规定，要求组织在处理涉及个人隐私的信息时必须遵循一定的原则和程序。通过遵循隐私法规，组织能够保障个人隐私的合法性和安全性，避免因隐私侵犯而可能引发的法律责任。

知识产权法律的遵循对于保护创新性成果和独特技术的合法权益至关重要。在科技领域，组织的研发成果和技术创新可能涉及专利、商标、著作权等多个方面的知识产权。相关法规规定了这些知识产权的取得、使用和保护原则。合规性管理要求组织遵循这些法规，以确保在信息的使用和分享过程中不侵犯他人的知识产权，同时保护自身的创新成果，以维护企业的技术竞争力和商业利益。

违反隐私法规和知识产权法律可能导致严重的法律后果，其中包括罚款、法律诉讼等风险。这不仅会对组织的财务状况产生负面影响，还可能损害其声誉和信誉。因此，合规性被视为信息管理的基石，是维护组织合法经营和可持续发展的根本保障。

（三）访问控制和身份验证

1. 有效访问控制的意义

在信息安全管理中，建立有效的访问控制机制被视为保障信息资源保密性的重要手段。这一机制的核心在于通过限制对敏感信息的访问，确保只有经过身份验证的合法用户才能获取相关信息，从而有效地防止未经授权的访问和信息泄露。

首先，有效访问控制的意义在于确保信息的保密性。敏感信息往往涉及组织的核心业务、研究成果或个人隐私等重要内容。通过建立访问控制机制，组织可以对这些信息进行有效管理，限制只有授权用户才能够获取相应的敏感信息，以防止未经授权的人员获取或泄露这些关键信息。这种控制措施有助于维护信息的机密性，确保敏感信息不被滥用或泄露。

其次，有效访问控制有助于防范内部威胁。内部人员可能对组织内部的敏感信息具有较高的访问权限，但不同职责和职位的员工应该有不同的访问权限。通过细化访问控制策略，组织可以确保每个用户只能访问其工作职责所需的信息，这就可以有效降低内部人员滥用权限的风险，减少敏感信息被内部人员恶意窃取或篡改的可能性。

再次，有效的访问控制机制有助于满足法规和合规性要求。一些法规和合规性要求明确规定了对敏感信息的保护措施，其中包括建立合理的访问控制机制。通过遵循这些要求，组织可以确保其信息管理活动符合法定标准，这就避免了组织因违反法规而面临罚款、法律诉讼等法律责任的风险。

最后，有效的访问控制机制有助于应对外部攻击。黑客和恶意软件等外部威胁通常试图通过未经授权的方式获取敏感信息。通过建立强大的访问控制机制，组织可以限制外部用户的访问权限，这就可以有效减少外部威胁对敏感信息的侵害。这种保护措施有助于提高信息系统的安全性，防范外部攻击对组织造成的损害。

2. 访问控制的具体实施

访问控制的具体实施涉及多方面的措施，其中包括设定访问权限、控制用户角色及建立审批流程等关键步骤。这些措施的细致规划和实施，可以有效地确保信息仅被有权限的人员访问，从而降低了内部威胁和不当访问的风险。

首先，设定访问权限是访问控制的核心步骤之一。这包括对不同用户或用户组的权限进行细化和差异化的设定，这一设定可以确保每个用户只能访问其工作职责所需的信息。

权限设置通常基于最小权限原则，即用户在执行其工作职责时所需的最低权限水平。精确的权限设定，可以有效减少不相关人员对敏感信息的访问权限，从而提高信息的保密性。

其次，控制用户角色是访问控制的另一关键方面。组织可以将用户分配到不同的角色中，并对每个角色赋予特定的权限集合，从而简化权限管理和降低复杂性。用户角色的设定应当基于组织的职能和工作流程，以确保每个用户都处于适当的角色中。这种角色基础的访问控制不仅便于权限的维护和更新，还有助于确保每个用户的访问权限符合其工作职责的需要。

再次，建立审批流程也是访问控制的关键环节。通过设定明确的审批机制，组织可以确保对于敏感信息的访问都经过合理的审核和批准。这包括了对用户权限变更、新用户添加等操作的审批流程设计。审批流程的实施可以有效避免滥用权限的风险，以确保每一次权限的变更都经过组织内部的权威审批，从而保障信息访问的可追溯性和合规性。

最后，持续监控和审查访问活动也是访问控制的实施中不可忽视的环节。通过定期审查访问日志，组织可以识别潜在的异常访问活动，及时发现和应对可能存在的威胁。这种主动的监控机制有助于保持访问控制的有效性，及时发现潜在的问题并采取相应的措施，从而提高信息系统的整体安全性。

二、完整性维护的技术手段与方法

（一）数据备份与恢复

1. 数据备份与恢复机制的定义与重要性

维护科技信息资源的完整性的首要手段是建立有效的数据备份与恢复机制。这一机制在信息管理体系中具有至关重要的作用，定期的数据备份可以确保备份的完整性和可靠性，在数据丢失或损坏时，组织能够迅速进行恢复，从而保证信息的完整性。

数据备份与恢复机制的定义在于其通过周期性的数据复制和存储，创建了信息资源的副本，以备不时之需。备份是指将组织关键数据复制到一个独立的存储介质，这可以是硬盘、磁带、云存储等。而恢复则是在数据丢失或受损时，通过访问备份，管理者可以将数据还原到其原始状态的过程。这种机制不仅可以防范因意外事件导致的数据丢失，也为信息资源的可持续性和完整性提供了强有力的支持。

数据备份的重要性在于它是信息管理中保障数据完整性的第一道防线。在科技信息管理中，数据往往是组织最宝贵的资产之一，包括研究成果、客户信息、业务数据等。意外事件如硬件故障、自然灾害、人为错误等可能导致数据的不可逆丢失，而数据备份通过创建实时或定期的副本，使得即便原始数据受到损害，也能够通过备份迅速进行数据的恢复。这对于防范因意外事件而造成的信息资源损失具有关键性的作用。

同时，数据备份与恢复机制也是应对恶意攻击和数据安全威胁的有效手段。恶意软件、勒索软件等威胁可能导致数据被加密、删除或篡改，这会对组织造成极大损害。通过定期备份，即使数据受到攻击，组织也能够在短时间内通过恢复机制将数据还原至攻击前的状态,从而最大限度地降低损失。

在科技信息管理中,数据备份与恢复机制还有助于满足法规和合规性的要求。一些法规明确规定了组织在数据处理和存储方面的责任和要求,包括对数据的保护和备份。通过建立符合法规要求的备份与恢复机制,组织不仅能够遵守相关法规,还能够在法定期限内提供必要的数据备份,以证明其合规性。

2.数据备份策略与频率

制定合适的备份策略和合理的备份频率能够确保数据的及时性和完整性,并为恢复工作提供坚实的基础。

首先,备份策略的制定应当根据数据的重要性和变化频率进行差异化管理。对于关键数据,如客户信息、研究成果等,应采用实时备份或每日备份的策略,以最大程度地降低数据丢失的风险。对于变化较少的数据,可以选择每周或每月进行备份,以节约存储资源。不同类型的数据需要采用不同的备份方式,如完全备份、增量备份或差异备份,以平衡备份速度与存储空间。

其次,备份频率的选择应充分考虑数据的变化速度和业务的连续性需求。对于业务连续性要求高的企业或部门,应增加备份的频率,确保数据的最新副本始终可用。对一些变化较小或不敏感的数据,备份频率可以适当降低,但仍需定期进行备份以防止意外损失。

再次,多层次的备份策略能够提高数据的安全性和可恢复性。这包括在不同存储介质上进行备份,如本地硬盘、外部硬盘、磁带及云存储等。不同的备份介质可以提供不同程度的安全保障和恢复能力。例如,将数据备份到云存储中,可以防范物理灾害对本地存储设备造成的损失,而本地备份则能在网络中断时快速恢复数据。

最后,备份策略和频率应根据业务需求和技术环境的变化进行定期评估和调整。业务规模的扩大、新技术的应用、法规的更新等都可能影响备份策略的有效性。因此,企业需要定期评估现有备份策略的适用性,并根据实际情况进行调整,以确保备份系统的灵活性和可靠性。

(二)数字签名和哈希算法

1.数字签名的原理与应用

数字签名是在信息传输和存储过程中确保信息完整性的关键技术之一。其原理和应用基于加密和验证机制,是通过在信息上附加数字签名的方式,实现对信息发送者的验证及信息完整性的保护,这一技术可以有效地防止信息被篡改或伪造。

数字签名的原理是基于非对称加密算法,通常采用公钥和私钥配对的原则。首先,信息的发送者使用私钥对信息进行加密生成数字签名,然后将该数字签名附加在原始信息上。此时,公钥由发送者分发给接收者。接收者通过使用发送者提供的公钥对数字签名进行解密,得到一个哈希值。接下来,接收者使用相同的哈希算法对接收到的原始信息进行哈希值计算。如果解密得到的哈希值与计算得到的哈希值一致，说明数字签名有效，发送者的身份得到验证，且信息在传输过程中未被篡改。

数字签名的应用范围广泛，其中之一是确保电子文档的完整性。在电子文档传输过程中，数字签名可以被应用于文件的签署，其可以确保文件的来源可信且在传输过程中未被修改。此外，数字签名在电子邮件通信中也有重要应用，其可用于验证邮件的发件人和确保邮件内容的完整性。

在电子商务领域，数字签名同样扮演着关键的角色。在进行在线交易时，数字签名可用于验证交易各方的身份，以防范身份伪装和信息被篡改，这为在线支付和合同签署等提供了安全保障。数字签名还在软件分发和更新中得到广泛应用，其被用于验证软件包的来源和确保软件的完整性，也可用于防止恶意软件的攻击和篡改行为的发生。

2.哈希算法的作用与选用原则

哈希算法在信息安全领域中发挥着重要的作用，其核心功能是通过生成信息的唯一标识，即哈希值，来及时发现信息的不完整性。选择合适的哈希算法及注意防止哈希碰撞是确保信息完整性的关键。

哈希算法的主要作用之一是为任意长度的输入生成固定长度的输出，通常称为哈希值。这个哈希值具有唯一性，即不同的输入应该映射为不同的哈希值，同时哈希值的计算过程应该是不可逆的。这使得哈希算法可以作为信息的唯一标识，因为即使输入发生微小变化，其哈希值也会发生明显的改变。通过定期对信息进行哈希计算，可以生成哈希值，并将其与预先保存的正确哈希值进行比较，从而及时发现信息是否被篡改。

在选择哈希算法时，有几个重要的原则需要考虑。首先是安全性，哈希算法应该具有抗碰撞性，即难以找到两个不同的输入产生相同的哈希值。其次是性能，哈希算法应该具有高效的计算速度，以确保在信息传输和存储过程中不会引入显著的延迟。最后是广泛应用性，哈希算法应该适用于不同的应用场景，并能够满足各种需求。

防止哈希碰撞是确保信息完整性的关键。哈希碰撞是指两个不同的输入产生相同的哈希值，这可能导致信息的误判和不可靠性。为了防止哈希碰撞，通常采用增加哈希算法的输出长度、使用更强大的哈希算法，或者结合使用多个哈希算法的方式。此外，定期更新哈希算法也是一种有效的防范措施，因为随着计算能力的提高，一些原先安全的哈希算法可能会变得不再安全。

3.综合运用数字签名和哈希算法

数字签名和哈希算法在信息安全中的综合运用，为信息构建了更为健全的完整性保护体系，为确保信息在传输和存储过程中不受损失或不被篡改提供了全面的保障。

数字签名用于验证信息的发送者身份。在信息传输过程中，发送者使用私钥对信息进行加密生成数字签名，接收者通过使用发送者提供的公钥进行解密验证，从而确认信息的真实发送者。这一过程保障了信息的身份合法性，防范了身份伪装和信息发送者的冒名顶替。数字签名的综合运用不仅加强了信息传输的安全性，也为后续的完整性验证奠定了基础。

哈希算法用于检验信息的完整性。在信息传输和存储前，发送者使用哈希算法将原始信息生成唯一的哈希值，并将该哈希值附加在数字签名中一同传输。接收者同样使用哈希算法对接收到的信息计算哈希值，并与数字签名中的哈希值进行比对。如果两者一致，说明信息在传输过程中未被篡改。哈希算法的综合运用增加了对信息完整性的验证，从而保证了信息在传输和存储过程中不受损失。

综合运用数字签名和哈希算法的优势在于其能够同时保障信息的身份合法性和完整性。数字签名验证了信息发送者的身份，避免了身份伪装和信息被冒名顶替的风险；而哈希算法检验信息的完整性，确保信息在传输和存储中未被篡改。这种综合运用的安全机制在各类信息传输场景中得到广泛应用，尤其在电子文档、电子邮件通信、电子商务等领域，有效地提高了信息的安全性和可靠性。

（三）访问日志和审计

建立详尽的访问日志和审计机制是信息安全管理中监控信息访问和修改情况的关键手段。访问日志记录用户的操作行为，为及时发现异常操作提供了关键信息，从而有助于保障信息的完整性；审计是确保信息管理过程中规范执行的有效手段，通过建立审计机制，包括审计策略和审计工具的选择与优化，管理员可以全面监控信息的流动和变动，及时发现违规行为，从而维护信息的完整性。

访问日志的建立是监控信息访问和修改的基础。通过记录用户的操作行为，访问日志不仅提供了对信息访问情况的全面了解，还为及时发现异常操作提供了重要线索。例如，通过访问日志可以追踪到某个用户在系统中的操作记录，包括访问文件、修改数据等活动。在发生异常情况时，通过分析访问日志管理员可以迅速定位问题，采取相应的措施，从而确保信息的完整性得到保障。

审计作为信息管理过程中的一项关键活动，旨在确保规范执行和监控信息流动。建立审计机制包括定义审计策略、选择合适的审计工具，并对审计系统进行定期的优化和更新。审计可以全面监控信息的变动，包括对文件的访问、数据的修改等，从而及时发现可能威胁信息完整性的行为。审计还可以记录系统的配置变更，确保系统在规定的安全策略下运行，从而避免潜在的风险。

定期审查访问日志是确保信息完整性的关键步骤。通过定期审查日志，管理员可以发现潜在的威胁、异常操作和信息篡改。这种定期审查不仅有助于维护信息的完整性，还为及时采取措施提供了有效的依据。审查过程中，管理员可以识别不正常的访问模式、异常的数据操作，从而及时调查并采取相应的安全措施，以提高信息系统的完整性。

第六章　科技信息资源的开发、分析与应用

第一节　科技信息资源的开发方法与工具

一、敏捷开发方法的应用

敏捷开发方法在科技信息资源管理中的应用已成为业界关注的焦点。敏捷开发强调迭代、灵活性和快速交付，这些特点使其特别适应信息需求频繁变动的环境。在科技信息资源管理中，敏捷开发的应用主要体现在以下几个方面：

（一）迭代开发模式

在科技信息资源管理中，敏捷开发的迭代开发模式是一种关键的应用方式。该模式将整个开发过程划分为多个小周期，每个周期称为一个迭代，每个迭代完成一个可交付的产品增量。这种方式的应用在信息资源管理中具有重要的意义。

1. 灵活应对需求变动

通过迭代开发，团队能够更加灵活地应对信息需求的频繁变动。每个迭代代表一个独立的开发周期，允许团队在每个迭代中根据最新的需求变化进行灵活调整。这一方法有助于确保最终交付的系统能够真正满足用户的实际需求，提高系统与用户期望的贴近度。

在迭代开发中，每个迭代通常涵盖一小部分功能或特性的开发，具有独立的目标和交付成果。团队在每个迭代开始前会与利益相关者确认最新的需求，并在迭代周期内进行开发、测试和交付。这种逐步迭代的方式使得团队能够更加及时地响应用户的变化需求，同时降低了开发过程中的不确定性。

迭代开发的灵活性体现在团队能够根据每个迭代的反馈结果做出及时调整。用户和利益相关者在每个迭代中都能够审查系统的部分功能，提出反馈和建议。这使得团队可以在整个开发过程中不断优化和完善系统，确保最终的交付结果能够真实地反映用户的期望和需求。

迭代开发还有助于降低项目风险。由于每个迭代的范围相对较小，因此在开发过程中发现的问题可以及时被解决，从而不会对整个项目造成严重影响。这种风险控制的方式有助于确保项目能够按时交付，并且交付的系统具备高质量和稳定性。

2. 及时获取用户反馈

每个迭代都完成一个可交付的产品增量，这使得团队能够及时向用户展示部分功能，

并在早期阶段获取他们的反馈。这种及时获取用户反馈的迭代开发模式对于项目的成功实施具有重要意义。用户的积极参与和及时反馈有助于纠正可能存在的问题，避免在项目末期才发现需求偏差，从而提高最终交付的质量。

在每个迭代完成后，团队可以向用户展示已实现的功能，让用户亲身体验系统的一部分。通过此过程，用户可以更清晰地了解系统的发展方向，同时也能够提供有针对性的反馈。这种实时的用户参与不仅有助于项目团队更好地理解用户需求，还能够促使团队及时调整和改进系统的设计和功能。

及时获取用户反馈的好处在于能够迅速发现并解决潜在的问题。用户的反馈是对系统功能、界面和体验的直接反应，能够帮助团队识别可能存在的缺陷或改进点。通过及时纠正这些问题，团队能够更有效地提高系统的质量和用户满意度。

及时获取用户反馈还有助于建立良好的沟通和合作氛围。通过与用户的互动，团队和用户之间的合作关系变得更加紧密。用户感受到他们的意见得到了重视，团队也能够更好地理解用户的真实需求，从而更好地满足用户期望。

3. 优化项目管理

迭代开发模式为项目管理提供了有力的优化手段。通过将整个开发过程分解为多个迭代计划，并在每个迭代结束时进行总结和评估，团队能够更加有效地掌握项目的进度和质量，从而实现项目管理的优化。这种周期性的管理方式为团队提供了灵活性，使其能够及时调整开发策略，确保项目能够成功完成。

首先，在迭代开发模式中，每个迭代都是一个相对独立的工作周期，有着确定的目标和交付成果。团队在每个迭代开始前进行规划，明确该迭代的任务和目标，并在迭代结束时进行回顾和总结。这种周期性的管理方式有助于项目管理者更清晰地了解项目的状态，及时发现和解决问题，提高项目的整体透明度。

其次，迭代开发模式通过迭代周期的短小灵活，能够更好地适应需求的变化。在每个迭代结束后，团队都有机会根据用户反馈和项目进展情况调整下一个迭代的计划和方向。这种灵活性使得团队能够更迅速地应对变化，确保项目在不断变化的需求环境中依然能够保持稳健的开发进度。

最后，迭代开发模式通过持续地评估和反馈机制，为团队提供了改进的机会。在每个迭代结束时，团队都会对迭代过程和交付成果进行全面评估，发现问题、总结经验，并在下个迭代中进行调整。这种持续改进的机制有助于团队不断提高开发效率、降低风险，这使得项目管理更加成熟和可控。

4. 增量式交付价值

每个迭代在迭代结束时都完成一个可交付的产品增量，这使得团队能够在项目的早期阶段就实现一些核心功能的交付。这种增量式的交付方式是迭代开发模式的重要特征，为项目管理和实施带来了多方面的优势。

首先，这种增量式交付有助于提高系统的部署速度。每个迭代都交付可用的、经过验证的功能，使团队能够更频繁地将产品的新版本部署到生产环境中。这不仅加速了产品的上线过程，也使得用户能够更早地体验到系统的部分功能，从而及时提供反馈。

其次，增量式交付有助于降低项目失败的风险。由于每个迭代只涉及部分功能的开发，团队在每个迭代结束后都能够进行回顾和总结，及时纠正可能存在的问题。这种持续的评估和调整机制有助于在整个项目周期中保持对项目状态的清晰认识，提高项目的可控性。

最后，增量式交付也有助于提高用户的满意度。通过在项目的早期就交付部分功能，用户能够更早地体验到系统的实际效果，从而及时提供他们的反馈和建议。这种及时的用户参与有助于团队更准确地理解用户需求，确保最终交付的产品能够更好地满足用户的期望。

（二）用户参与和反馈

敏捷开发方法强调用户的积极参与和及时反馈，在科技信息资源管理中的应用具有重要意义。

1. 理解用户需求

将用户纳入开发团队是一种有效的策略，可以使团队更全面、深入地理解用户的需求。通过与用户直接沟通，团队能够获取用户的实际期望和需求，而不是依赖于文档或规范。这一实践的核心在于建立开放、频繁的沟通渠道，以确保团队始终对用户的需求有清晰的认识。

首先，将用户引入开发团队可以促进更深入的需求理解。与用户面对面交流能够消除信息传递过程中的误解和偏差，团队成员可以直接向用户提出问题，从而更好地理解用户的真实需求。这种直接的沟通方式有助于建立团队与用户之间的信任关系，使得需求的获取更加准确可靠。

其次，通过与用户的密切合作，团队能够更及时地获取反馈。在开发过程中，团队可以通过与用户保持紧密联系，及时了解用户对于已实现功能的反馈和意见。这种实时反馈的机制有助于团队及时调整开发方向，确保项目的实际成果符合用户的期望。

最后，将用户融入开发团队还有助于在变化的需求环境中更好地适应。随着项目的进行，用户可能会对需求进行调整或者提出新的需求，团队可以通过与用户保持密切合作，更灵活地应对这些变化，确保项目能够及时地适应新的需求。

2. 持续验证与调整

用户的积极参与使得团队能够持续验证正在开发的功能是否符合用户期望。这一持续验证与调整的过程是敏捷开发和迭代开发模式中的重要环节。通过与用户保持密切的沟通和合作，团队能够及时获得用户的反馈，发现问题，并在开发过程中进行调整，以确保最终交付的系统能够真正满足用户的实际需求。

在传统的瀑布模型中，开发团队通常在整个开发周期结束后才向用户展示最终成果，这种方式容易导致在项目末期才发现需求偏差或功能不符合用户期望的问题。而在持续验证与调整的模式下，每个迭代周期结束时，团队都能够向用户展示可用的、经过验证的功能。这种及时的交付和反馈机制有助于发现和解决问题，提高系统的贴近度。

持续验证与调整的过程还有助于提高系统的用户满意度。通过及时地了解用户的期望和需求，并在开发过程中进行相应的调整，团队能够确保最终交付的系统是符合用户实际需求的。这种用户满意度的提升不仅体现在系统功能的贴近度上，还表现在用户对于团队的信任感和参与感的增强。

3. 提高用户体验

用户的积极参与是提高用户体验的关键因素之一。通过与用户密切合作，团队能够更好地了解用户的使用习惯和对系统的期望，从而在设计和开发过程中更加全面地考虑用户体验。

首先，用户参与有助于团队深入理解用户的使用习惯。通过与用户的直接互动，团队可以观察和了解用户在实际操作中的行为和偏好。这种深入的用户了解有助于团队更准确地把握用户的需求，从而在系统设计中更好地满足用户的期望。

其次，用户参与能够促使团队更关注用户体验的方方面面。在用户的参与下，团队可以更加注重系统界面的友好性、交互的流畅性及整体的用户体验。通过与用户进行协作设计和反馈收集，团队能够及时调整设计方案，确保系统界面符合用户习惯，提高系统的易用性。

最后，通过用户参与，团队可以更及时地获取用户的反馈。用户在使用过程中提出的建议和意见可以成为团队改进的重要依据。这种及时的反馈机制有助于团队不断优化系统，使其更符合用户的期望，提高用户满意度。

4. 防范需求偏差

用户的积极参与在防范需求偏差方面起到了关键作用。在传统的瀑布模型中，用户与开发团队的互动较为有限，需求往往在项目末期才由用户进行验证，容易出现与实际期望不符的情况。而在敏捷开发中，用户的持续参与可以及时发现和纠正需求的偏差，确保最终交付的系统与用户期望更为一致。

首先，用户的参与使得需求可以更清晰、准确地被理解。通过与用户的直接沟通和合作，开发团队能够更深入地理解用户的期望和实际需求。这种深入的需求理解有助于避免由于沟通不畅导致的需求偏差，确保开发团队对用户需求的准确把握。

其次，用户的参与促成了及时的需求验证和调整。在敏捷开发中，每个迭代结束后，用户都有机会验证已完成的功能，并提出反馈意见。这种及时的反馈机制使得开发团队能够在下一个迭代中及时调整和优化需求，防范了需求逐渐偏离用户期望的风险。

最后，用户的参与也有助于提升项目的灵活性和对变化的应对能力。由于用户需求在整个开发过程中都是可变的，用户的参与使得团队更容易适应变化，灵活应对需求的调整，从而降低了需求偏差的可能性。

（三）自组织的团队

自组织的团队结构是敏捷开发方法在科技信息资源管理中的一项关键应用。这种团队结构强调团队成员之间的协作和沟通，有助于更好地应对项目中的技术挑战和需求变动。

1. 灵活应对变化

自组织的团队结构减少了层级冗余，提高了团队的灵活性。在科技信息资源管理中，自组织的团队结构在科技信息资源管理中具有显著的优势，尤其是在灵活应对变化方面。这种团队结构的特点在于减少层级冗余，提高团队的灵活性，使其能够更迅速地适应技术环境和需求的变化，以确保项目的顺利进行。

首先，自组织的团队结构消除了传统组织中的烦琐层级。传统组织结构中存在的层级和繁杂的管理层次通常导致信息传递的延迟和决策的阻滞。而自组织的团队更注重平等和协作，其减少了决策层次，使团队成员可以更加自由地参与决策和问题解决。

其次，自组织的团队更容易进行快速的调整。在科技信息资源管理中，技术环境和需求的变化是常态，这需要团队迅速做出反应。自组织的团队结构使得团队成员之间的分工更加灵活，能够根据项目的需要迅速调整成员的角色和职责，从而确保团队具有较强的适应性，能够有效处理变化。

最后，自组织的团队注重团队成员之间的协作和沟通。这种协作模式使得团队能够更加敏捷地响应变化，通过开放的沟通渠道，团队成员能够迅速了解项目的最新情况，共同制定应对变化的策略。

2. 协作与沟通的强调

自组织的团队强调成员之间的协作和紧密沟通，这种协作关系在信息资源管理团队中具有重要意义。协作和沟通不仅是团队内部良好运作的关键，也是信息资源管理成功实施的基石。

首先，协作有助于团队共享知识。在信息资源管理领域，团队成员可能具有不同的专业背景和技能，通过协作，他们能够分享自己的专业知识，促进团队整体的学习和提升。协作还能够加强团队对复杂问题的理解，通过多方视角的整合，团队能够更全面地把握问题的本质。

其次，紧密的沟通是团队高效运作的保障。在自组织的团队中，成员之间的直接沟通渠道被强调，这有助于信息的迅速传递和理解。通过及时沟通，团队能够更快速地解决问题，取得共识，避免信息传递中的误解和偏差。此外，直接的沟通有助于建立团队的凝聚力，增强成员之间的信任感，促进共同目标的达成。

最后，协作和沟通也使团队更具灵活性。在信息资源管理中，需求和技术环境可能随时发生变化，团队需要迅速做出反应。通过紧密协作和直接沟通，团队能够更迅速地调整工作计划，制定适应变化的策略，以确保项目顺利进行。

3. 减少层级阻碍

自组织的团队通过减少层级结构中的阻碍和决策传递的时间，实现了更为直接的沟通和决策流程。这一特点在信息资源管理中具有重要的意义，能够显著提高团队的响应速度和工作效率。

去除层级结构的阻碍使得团队成员能够更加直接地与项目相关方交流。在传统的层级化组织结构中，信息传递通常需要通过多层领导，这可能导致信息传递的滞后和失真。而在自组织的团队中，成员之间的沟通更为直接，可以更准确地了解项目相关方的需求、反馈和期望。这有助于团队更好地理解业务目标，提高项目的整体质量。

减少决策传递的时间有助于加速问题的解决和决策的制定。在信息资源管理中，及时解决问题和迅速做出决策对于项目的进展至关重要。自组织的团队通过去除多层次的审批流程，能够更灵活地应对问题和挑战，迅速做出决策。这种迅速响应的能力有助于提高团队的适应性，从而确保项目在变化的环境中保持稳健。

（四）快速交付价值

敏捷开发方法强调快速交付有业务价值的功能，其在科技信息资源管理中的应用对于项目的成功实施至关重要。

1. 部分功能的早期交付

敏捷开发将整个项目划分为多个小的可交付部分，每个部分都包含了一些核心功能。这种方式使得团队能够在项目的早期阶段就交付部分功能，而不需要等到整个项目完工。这有助于用户更早地体验到系统的部分功能，提高用户满意度。

2. 降低项目失败的风险

通过快速交付有业务价值的功能，敏捷开发能够降低项目失败的风险。即在项目的早期阶段，团队就能够验证和调整项目的方向，而不是等到项目完工时才发现可能存在的问题。这有助于及时纠正错误，确保项目朝着正确的方向前进。

3. 提高系统的可维护性

敏捷开发的快速交付方式有助于提高系统的可维护性。将系统分解为多个小的可交付部分，团队可以更容易管理和维护每个部分。这有助于降低系统的复杂度，提高系统的可维护性和可扩展性。

4. 满足变化的需求

快速交付有助于更灵活地满足变化的需求。由于敏捷开发强调迭代和灵活性，所以团队能够根据最新的需求变化快速调整开发计划，并及时交付新的功能。这使得系统更具适应性，能够更好地满足用户的实际需求。

二、流程优化与质量保障

开发流程的优化对于科技信息资源的高效开发至关重要。引入流程改进方法和质量保障工具，可以确保开发过程中的质量和效率。以下是流程优化与质量保障在科技信息资源管理中的关键方面：

（一）流程改进方法

在科技信息资源管理中，流程改进方法是实现高效开发的关键。以下是流程改进的关键方面：

1. 全面评估当前流程

流程改进的第一步是对当前流程进行全面评估。团队需要仔细审查整个开发过程，从需求收集到产品交付的每个阶段，识别可能存在的瓶颈、问题和不必要的复杂结构。

2. 问题和瓶颈的识别

通过评估，团队能够识别开发流程中的问题和瓶颈。这可能涉及流程中的不必要的手动步骤、沟通障碍、资源不足等方面的问题。通过具体的问题识别，团队可以有针对性地进行改进。

3. 制订改进计划

基于评估的结果，团队需要制订详细的改进计划。这包括确定需要修改的流程步骤、引入新工具或技术、改进沟通方式等。改进计划应该具有可操作性，以确保团队能够迅速实施改变。

4. 实施改进

一旦改进计划制订好，团队需要迅速实施改进。这可能涉及培训团队成员、调整工具的使用方式、优化沟通流程等。及时地实施是确保改进生效的关键。

在科技信息资源管理中，流程改进的实施有助于提高团队的工作效率、降低开发成本，并确保项目按时交付。

（二）质量保障工具的选择与应用

在科技信息资源管理中，选择适当的质量保障工具对于项目的成功至关重要。以下是质量保障工具的关键方面：

1. 自动化测试工具

自动化测试工具可以帮助团队在短时间内完成大量测试。这些工具能够执行重复的测试任务，发现潜在的问题，并确保系统在不同条件下仍然能够正常运行。自动化测试提高了测试的效率，减少了人为错误。

2. 代码审查工具

代码审查工具帮助团队发现潜在的问题和提高代码质量。通过静态代码分析，这些工具能够检测代码中的潜在错误、安全漏洞和不良事件。代码审查工具有助于团队确保代码质量达到标准，并及时纠正可能的问题。

3. 性能测试工具

性能测试工具用于评估系统在不同负载下的性能表现。这有助于团队发现系统可能存在的性能瓶颈和问题。通过模拟实际使用场景，性能测试工具能够帮助团队确保系统在实际运行中的稳定和高效。

4. 持续集成工具

持续集成工具用于自动化构建和集成代码。它确保团队的代码始终保持可集成状态，并自动运行测试套件。持续集成工具有助于减少集成问题，提高代码的稳定性。

5. 缺陷跟踪工具

缺陷跟踪工具用于记录和管理发现的缺陷。它确保团队能够及时跟踪和解决在开发过程中发现的问题，这有助于提高项目的整体质量。

第二节 科技信息资源的挖掘与分析技术

一、数据挖掘的核心算法

在科技信息资源挖掘中，分类算法是一类广泛应用的核心算法，用于处理文本分类、用户行为分析等方面。以下是常用的分类算法及其在科技信息资源挖掘中的具体应用：

（一）朴素贝叶斯算法

朴素贝叶斯算法是一种基于概率统计的分类算法，广泛应用于文本分类等领域。在科技信息资源挖掘中，朴素贝叶斯算法发挥着重要的作用，尤其在科技文献的自动分类方面。该算法的应用主要体现在以下方面：

1. 文献主题分类

朴素贝叶斯算法在科技信息资源管理中发挥着重要作用，特别是在文献主题分类方面。该算法通过识别文献中的关键词、主题词等特征，能够自动将科技文献分类到不同的主题领域，这为科技信息资源管理者提供了一种高效而精确的分类工具。

文献主题分类是科技信息资源管理的一项关键任务，尤其在大量文献信息积累的情况下，管理者需要有效组织和检索这些信息。朴素贝叶斯算法以其简单而有效的原理成为一种理想的分类方法。该算法基于贝叶斯定理，通过识别文献中包含的特征，计算文献属于每个主题的概率，最终将文献划分到概率最高的主题领域。

在应用朴素贝叶斯算法进行文献主题分类时，首先需要构建特征空间，将文献中的关键词、主题词等作为特征。然后，通过训练数据集，计算出各个特征对于不同主题的权重和概率分布。在训练完成后，该算法就可以对新的文献进行分类，将其自动划分到相应的主题领域。

这种自动分类的方法为科技信息资源管理者提供了很大的便利。首先，朴素贝叶斯算法的高效性使得大量文献能够迅速而准确地被分类，这使信息检索更为便捷。其次，通过自动分类，管理者能够更好地了解文献的主题分布，这有助于科技信息资源的组织和整合。最后，朴素贝叶斯算法的应用也有助于发现文献中的潜在关联和研究方向，从而为科技研究提供更深入的视角。

2. 作者分析

通过使用朴素贝叶斯算法对作者的科技文献，包括发表历史、关键词偏好等特征进行综合分析，可以识别具有重要影响力的作者。这一应用为科技信息资源管理者提供了深入了解研究领域中重要学者和研究方向的途径，有助于管理者更好地组织和利用科技信息资源。

朴素贝叶斯算法能够对作者的发表历史进行分析，从而揭示其在研究领域中的学术影响力和贡献。通过统计作者过去的发表记录，算法可以识别出哪些领域是作者关注的重点，以及其在哪些领域取得了较高的学术成就。这种分析有助于科技信息资源管理者识别出具备深厚学术背景和研究实力的重要作者。

朴素贝叶斯算法还可以分析作者的关键词偏好，即作者在文献中经常使用的关键词或主题。通过识别这些关键词，算法能够揭示作者在研究领域的专业方向和独特贡献。这种分析有助于科技信息资源管理者更全面地了解作者的学术特长，从而为资源的精准匹配提供依据。

应用朴素贝叶斯算法进行作者分析的好处在于其简单而高效的特性。算法基于贝叶斯定理，通过统计已有数据集的信息，能够迅速而准确地对新数据进行分类和分析。这种高效性使得科技信息资源管理者可以迅速获取有关作者的关键信息，这为资源管理和决策提供了重要参考。

3. 关键词挖掘

朴素贝叶斯算法的应用不仅局限于作者分析，还可以有效用于关键词挖掘，以帮助科技信息资源管理者更准确地了解研究热点和趋势。通过对科技文献中的关键词进行分析，该算法能够识别在某一领域具有重要性的关键词，从而为管理者提供深入洞察的方向，这有助于科技信息资源的精准组织和决策制定。

朴素贝叶斯算法通过学习大量科技文献数据，能够识别关键词之间的概率和关联性。这使得算法能够挖掘出那些在特定领域内频繁出现，并且与该领域密切相关的关键词。通过识别这些关键词，科技信息资源管理者可以更全面地了解当前领域的研究焦点和热点问题。

朴素贝叶斯算法能够辨别关键词的权重和影响力。通过分析关键词在文献中的出现频率及它们与其他词汇的关系，算法可以为每个关键词赋予一个权重，反映其在领域中的重要性。这样的权重分析为管理者提供了有利的参考，使其能够更有针对性地了解关键词的重要性和发展趋势。

朴素贝叶斯算法的简单性和高效性使得关键词挖掘成为一项有效而可行的任务。其在处理大规模文献数据时表现出色，为科技信息资源管理者提供了一种智能化的手段，能够帮助他们更好地理解研究领域的动态变化，从而更好地组织和管理科技信息资源。

（二）决策树算法

决策树算法是一种基于树状结构的分类算法，通过构建树形决策模型来实现分类决策。在科技信息资源挖掘中，决策树算法的应用主要体现在以下方面：

1. 领域预测

决策树算法的运用在科技信息资源管理中展现了出色的效果，尤其在领域预测方面。通过对科技文献中的关键词、作者等特征进行分析，决策树算法能够预测文献所属的研究领域，这为科技信息资源管理者提供了更为智能和高效的文献组织和分类手段。

决策树算法通过学习大量的科技文献数据，能够建立起一种决策规则的树状结构。在领域预测中，该算法可以分析文献中包含的关键词，以及作者的研究方向等信息，构建决策树模型。这样的模型能够根据文献的各种特征迅速做出预测，判定文献所属的具体研究领域。

决策树算法还能够考虑多个特征之间的关系，形成更为复杂而准确的预测模型。在领域预测中，除了关键词和作者，算法还可以考虑文献的发表时间、引用次数等多方面因素，通过综合考虑这些特征，管理者可以提高预测的精准度。这样的综合分析有助于更全面地理解文献的内容和归属领域。

决策树算法的可解释性也为科技信息资源管理者提供了方便。管理者可以通过决策树的结构，清晰地了解每个特征对领域预测的影响程度，从而更好地理解模型的工作原理。这使得管理者能够灵活地根据需要对信息资源进行调整和优化，以提高领域预测的准确性。

2. 主题关联分析

决策树算法在科技信息资源管理中的应用不仅局限于领域预测，还可以用于主题关联分析，为科技信息资源管理者提供有效的工具。通过对科技文献中的关键词、主题等特征进行分析，决策树算法能够揭示文献之间的主题关联关系，帮助挖掘文献的相关性，从而为文献推荐和知识图谱构建提供重要依据。

决策树算法通过学习文献数据中的特征，构建了一种决策规则的树状结构。在主题关联分析中，这些特征可以包括文献的关键词、主题词、作者等信息。通过分析这些特征，算法可以建立起文献之间的主题关联规则，形成一个清晰而具体的决策树模型。

决策树算法还能够深入挖掘多个特征之间的关系，形成更为综合和精准的主题关联分析模型。在主题关联中，文献之间的关系可能不仅仅取决于关键词，还可能受到作者、发表时间等多方面因素的影响。决策树算法通过综合考虑这些特征，可以形成更为全面的主题关联规则，从而使得分析结果更具准确性和实用性。

决策树算法的可解释性也为主题关联分析提供了便利。管理者可以通过决策树的结构，清晰地了解每个特征对主题关联的贡献程度，从而更好地理解模型的运作原理。这种可解释性使得管理者能够更灵活地调整模型，并根据实际需求进行优化。

3.作者排名预测

决策树算法在科技信息资源管理中的应用不仅仅局限于领域预测和主题关联分析，还可以有效地用于作者排名的预测。通过深入分析作者在科技文献中的发表情况、合作关系等多方面特征，决策树算法能够为科技信息资源管理者提供有关作者学术影响力的预测和评估，这为更好地了解学者在学术界的贡献和影响力提供了支持。

决策树算法通过统计大量科技文献数据中的作者特征，包括发表数量、引用次数、合作伙伴等信息，构建了一种决策规则的树状结构。这些规则可以揭示出影响作者排名的关键因素，例如在某一领域的研究成果数量、发表在高影响期刊上的文章等。通过这些规则，算法能够为每位作者建立一个综合的排名预测模型。

决策树算法还在作者排名预测中考虑了多个特征之间的复杂关系。作者的学术影响力不仅仅取决于发表数量，还可能与其合作关系、引用情况等因素密切相关。决策树算法通过分析这些多维特征，可以形成更为全面和准确的作者排名预测模型，这使得预测结果更具说服力和可信度。

决策树算法的可解释性也为作者排名预测提供了优势。管理者可以通过决策树的结构，清晰地了解每个特征对作者排名的影响程度，这使得整个模型更加透明和可理解。这种可解释性不仅方便管理者理解模型的运作，还有助于他们根据实际情况进行有针对性的调整和优化。

（三）支持向量机（SVM）

支持向量机是一种用于二分类和多分类的监督学习算法，通过找到最优超平面实现分类。在科技信息资源挖掘中，SVM常被用于处理复杂的数据集，其应用主要体现在以下方面：

1.重要作者识别

支持向量机（SVM）作为一种强大的机器学习算法，在科技信息资源管理中展现了卓越的应用潜力，尤其在重要作者识别方面发挥了重要作用。通过对作者在科技文献中的多维特征进行深入分析，SVM算法能够为科技信息资源管理者提供有效的手段，识别出具有重要影响力的作者，从而更好地了解学术领域中的重要学者。

首先，SVM算法通过学习大量科技文献数据中作者的发表历史、合作关系等多方面特征，构建了一个高效的分类模型。该模型能够从众多作者中筛选出那些具有显著学术影响力的个体。通过引入适当的特征权重和核函数，SVM能够在多维特征空间中寻找最佳的决策边界，从而实现对重要作者的准确判定。

其次，SVM在重要作者识别中考虑了多个特征之间的复杂关系。学术影响力的形成涉及多个方面，如发表数量、合作伙伴质量、引用频次等。SVM通过对这些多维特征的综合分析，形成了对重要作者的全面识别模型。这使得SVM算法能够更准确地挖掘作者之间的关联，从而为科技信息资源管理者提供更为精准的重要作者识别结果。

最后，SVM的泛化能力较强，可以适用于不同领域和数据集的应用。这使得其在处理不同学术领域的文献时表现出色，能够应对不同领域的特殊情况和需求。科技信息资源管理者可以借助SVM算法实现对重要作者的跨领域识别，以促进学术研究领域的交流和合作。

2. 关键研究领域预测

支持向量机（SVM）在关键研究领域预测中展现出了卓越的能力，通过对文献中的关键词、主题等多维特征进行深入分析，SVM为科技信息资源管理者提供了一种更准确地组织文献的重要工具。

首先，SVM算法通过识别大量文献数据中的关键词、主题等特征，构建了一个高效的分类模型。该模型能够从众多研究领域中准确判定文献所属的具体领域。通过引入适当的特征权重和核函数，SVM能够在多维特征空间中找到最佳的分类边界，实现对文献所属研究领域的准确预测。

其次，SVM在关键研究领域预测中考虑了多个特征之间的复杂关系。研究领域的确定不仅仅取决于单一特征，而且涉及关键词、主题等多方面的因素。SVM通过对这些多维特征的综合分析，形成了对文献所属研究领域的全面预测模型。这使得SVM算法能够更准确地捕捉研究领域之间的复杂关系，从而为科技信息资源管理者提供了更为精准的文献分类结果。

最后，SVM的泛化能力较强，适用于不同领域和数据集的应用。这使得其在处理不同学术领域的文献时表现出色，能够应对不同领域的特殊情况和需求。科技信息资源管理者可以借助SVM算法实现对文献所属研究领域的跨领域预测，从而促进学术研究领域的交流和合作。

3. 学术排名分析

支持向量机（SVM）在学术排名分析中展现了卓越的潜力，通过深入挖掘作者在科技文献中的贡献度、合作频率等多方面特征，SVM为科技信息资源管理者提供了一种全面了解作者学术贡献的有效手段。

首先，SVM通过学习大量科技文献中作者的贡献度、合作频率等关键特征，构建了一个高效的学术排名预测模型。该模型通过引入适当的特征权重和核函数，能够在多维特征空间中寻找最佳的分类边界，实现对作者学术排名的准确预测。SVM的非线性分类特性使其能够更好地处理作者学术贡献这一复杂问题，提高了学术排名分析的精度。

其次，SVM考虑了多个特征之间的复杂关系，不仅仅依赖于单一特征进行学术排名分析。作者在科技文献中的学术排名涉及多个方面的贡献，包括发表的论文数量、被引频次、合作团队等。SVM通过对这些多维特征的综合分析，形成了对作者学术排名的全面预测模型。这使得SVM在分析不同作者的学术排名时更具有普适性和适应性。

最后，SVM的泛化能力强，适用于不同领域和数据集的学术排名分析。这使得其在处理不同学术领域的作者学术排名时表现出色，能够应对不同领域的特殊情况和需求。科技信息资源管理者可以借助 SVM 算法实现对作者学术排名的全面分析，从而更好地了解学术领域中各位作者的贡献度。

（四）K 近邻算法

K 近邻算法是一种基于实例的监督学习算法，其根据邻近样本的标签进行分类。在科技信息资源挖掘中，K 近邻算法可以应用于相似性分析，具体体现在以下方面：

1. 相似领域研究

K 近邻算法在科技信息资源管理中展现出了显著的潜力，通过分析科技文献中的关键词、主题等特征，该算法能够有效找到相似领域的研究，这为科技信息资源管理者发现新的研究方向或建立研究领域的关联网络提供了有力支持。

首先，K 近邻算法是一种基于相似性的无监督学习方法，通过测量文献之间特征的相似性，找到在特征空间中距离最近的 K 个邻居。在科技信息资源管理中，这一特性可应用于寻找相似领域的研究。通过分析文献中的关键词、主题等特征，K 近邻算法能够将具有相似特征的文献聚集在一起，形成相似领域的群集。这有助于科技信息资源管理者深入了解某一研究领域的相关研究，同时也为科研人员提供了更广泛的参考和启示。

其次，K 近邻算法能够在研究领域之间建立关联网络。通过识别相似性强的研究方向，算法可以帮助科技信息资源管理者构建研究领域之间的框架，揭示出不同领域之间的潜在关系。这有助于科技信息资源管理者更好地了解不同领域之间的交叉点和关联，从而为跨学科研究提供基础。

最后，K 近邻算法的非参数化特性使其适用于不同类型和规模的科技文献数据集。它能够处理大规模的文献集合，并在保持高效性的同时发现文献之间的潜在相似性。这为科技信息资源管理者提供了在庞大文献数据库中探索新研究方向和建立关联网络的有效工具。

2. 文献相似性分析

K 近邻算法在科技信息资源管理中的应用呈现出显著的潜力，特别是在文献相似性分析方面。通过对科技文献之间的关键特征进行分析，K 近邻算法能够揭示文献之间的相似性，从而为科技信息资源管理者提供重要的支持，包括文献推荐和知识图谱构建。

首先，K 近邻算法通过度量文献之间的特征相似性，能够有效地分析科技文献之间的相似关系。通过考察文献中的关键词、主题等特征，算法可以找到在其特征空间中距离最近的 K 个邻居文献。这一分析结果反映了文献之间的内在关系和相似性，有助于科技信息资源管理者理解文献集合中的研究主题、领域和趋势。

其次，K 近邻算法的应用可为文献推荐提供有力支持。基于文献相似性的分析，算法能够推断某一篇文献的相似文献集合，从而为科技信息资源管理者提供更精准的文献推荐。这有助于研究人员发现相关领域的重要文献，提高信息检索的效率。

最后，K 近邻算法还可用于构建知识图谱。通过分析文献之间的相似性，算法可以揭示文献之间的潜在关系。这为科技信息资源管理者构建文献之间的知识图谱提供了基础，有助于他们更好地组织和理解科技信息资源的结构和关联。

3. 研究主题发现

K 近邻算法在科技信息资源管理中的应用不仅局限于文献相似性分析，还可用于研究主题的发现。通过分析文献之间的关键特征，特别是关键词和主题，K 近邻算法能够揭示相似主题的文献集合，这为科技信息资源管理者提供更深入地了解研究领域中相关主题的途径。

首先，K 近邻算法通过计算文献之间的特征相似性，尤其是关键词和主题的相似性，能够找到在特征空间中距离最近的 K 个邻居文献。这意味着这些文献具有相似的关键特征，可能涉及相似的研究主题。通过对这些文献集合进行分析，科技信息资源管理者可以发现研究领域中的相关主题，从而理解学术界的热点问题和趋势。

其次，K 近邻算法的应用可以为研究主题的深入挖掘提供有力支持。通过发现相似主题的文献集合，算法可以揭示潜在的研究主题之间的关系。这有助于科技信息资源管理者更全面地理解研究领域的结构，发现交叉学科的研究主题，从而推动跨领域研究的发展。

最后，K 近邻算法还可用于构建主题相关性网络。通过将相似主题的文献连接起来，形成主题相关性网络，科技信息资源管理者可以更好地呈现研究领域中不同主题之间的关联和演化。这有助于提高对研究主题关系的理解，从而为决策者提供更全面的信息支持。

二、挖掘结果对决策支持的价值

（一）挖掘结果的可解释性

在科技信息资源挖掘中，挖掘结果的可解释性直接影响决策者对分析结论的理解和信任程度。以下是提高挖掘结果可解释性的关键方面：

1. 特征重要性解释

特征重要性解释在数据挖掘模型中是一项关键任务，它帮助决策者深入了解模型是挖掘结果形成的关键因素。特征重要性的解释可以通过多种方式进行，其中包括展示特征的权重、影响程度等方法，以便直观地呈现每个特征对于模型输出的贡献。

在解释特征重要性时，一种常见的方法是基于模型的权重。模型训练完成后，每个特征都会被赋予一个相应的权重，这反映了该特征在模型中的相对重要性。通过分析这些权重，决策者可以了解到哪些特征对于模型的输出具有更大的影响。这种方法适用于线性模型、回归模型及基于树结构的模型，如决策树和随机森林。

另一种解释特征重要性的方法是通过模型的变量重要性。在一些机器学习模型中，尤其是基于树结构的模型，可以使用变量重要性度量，例如用基尼重要性（Gini Importance）或信息增益来评估每个特征对于模型的贡献程度。这种方法对于强化学习、集成学习等复杂模型具有广泛的适用性。

此外，一些模型解释工具，如 SHAP（SHapley Additive exPlanations）值，可以提供

更为全面和直观的特征重要性解释。SHAP 值基于博弈论的 Shapley 值理论，其为每个特征在模型输出中的贡献分配一个数值。这种方法能够展示每个特征对于每个样本的影响，有助于理解特征对于不同情境下模型输出的影响程度。

2. 模型可视化

模型可视化是一项关键的任务，它通过图形化展示挖掘模型的结构和关键参数，以直观形式呈现模型的运作过程，这能够使决策者更容易理解模型的复杂性和逻辑。在数据科学和机器学习领域，模型可视化不仅是提高模型可解释性的手段，同时也是有效传达模型信息给非专业人士的重要途径。

首先，一种常见的模型可视化方式是绘制模型的结构图。对于深度学习模型，可以通过可视化神经网络的层次结构、节点连接等方式，展示模型的整体框架。这有助于决策者理解模型是如何从输入数据逐层抽取特征并生成输出数据的。

其次，对于基于树结构的模型，例如决策树和随机森林，可以使用树形图表达模型的决策逻辑。每个节点代表一个特征或判定条件，分支表示不同的决策路径，叶子节点表示最终的输出。这种图形化的方式能够直观地展示模型的判断过程。

再次，对于复杂的模型，交互式可视化工具能够提供更灵活的展示方式。决策者可以通过交互操作，调整参数、查看具体数值，并即时观察模型的输出变化。这种实时交互的方式能够使决策者更快参与到模型理解的过程中。

最后，特征重要性图也是模型可视化的重要组成部分。通过可视化展示每个特征在模型中的重要程度，决策者可以直观地了解到哪些特征对于模型输出的贡献更大，这有助于优化决策流程。

3. 案例分析

在一个零售企业的案例中，数据挖掘的应用为企业带来了实际场景中的显著价值。通过对大量销售数据的挖掘，该企业成功地优化了供应链管理、个性化推荐及市场定价等方面，取得了令人瞩目的业绩。

首先，通过对销售数据的深入挖掘，企业建立了更为精细化的供应链管理体系。通过分析产品的销售趋势、季节性需求及不同地区的市场特点，企业能够更准确地预测产品的需求量和时机，从而优化库存管理，降低库存成本。这使得企业能够更灵活地应对市场的波动，以提高供应链的效益。

其次，数据挖掘应用于个性化推荐系统，为客户提供更符合其兴趣和需求的产品推荐。通过分析客户的购买历史、浏览行为及喜好，企业建立了客户画像，为每位客户量身定制了个性化的产品推荐。这不仅提高了客户购买的满意度，也促进了交叉销售和客户忠诚度的提升。

最后，数据挖掘技术应用于市场定价策略，使企业成功地实现了定价的精细化。通过分析市场的竞争格局、产品的附加价值及消费者的价格敏感性，企业能够更科学地设定产品价格，这样既保障了企业的盈利水平，又满足了消费者的购买欲望。

将挖掘结果与实际情况进行对比分析发现，企业在实施数据挖掘后，销售额增长了15%，库存周转率提高了20%，客户满意度也有明显提升。这一系列的数据变化充分展示了数据挖掘在实际场景中的显著应用价值。

通过以上案例，决策者深刻认识到数据挖掘在企业运营中的关键作用。数据挖掘不仅为企业提供了深入洞察市场和客户能力的机会，也为决策者提供了科学、精准的决策支持，能够助力企业在激烈的市场竞争中取得更大的成功。

4.交互式分析工具

交互式分析工具的引入为决策者提供了强大而灵活的数据挖掘体验，使其能够根据具体需求自行调整参数、查看不同方案的结果，从而增强了用户对挖掘结果的参与感和掌控感。这一工具的设计理念着眼于用户体验，使决策者能够更直观、更主动地与挖掘模型进行互动，从而更好地理解数据挖掘的过程和结果。

首先，交互式分析工具允许决策者自行设定和调整挖掘模型的参数。通过直观的界面，决策者可以灵活选择输入数据、调整算法参数及定义挖掘的目标。这种交互性使决策者能够根据实际情况灵活调整分析方案，从而更好地满足用户特定的业务需求。

其次，交互式分析工具提供了实时的结果预览和可视化展示。决策者可以即时查看不同参数设定下的挖掘结果，并通过图表、图形化展示等方式直观地了解数据的发展趋势和规律。这种可视化的呈现方式有助于决策者更深入地理解数据背后的信息，从而提高了决策的准确性。

最后，交互式分析工具还支持多方案比较和结果导出。决策者可以在工具中同时比较多种挖掘方案的结果，通过对比不同方案的性能和效果，决策者可以更好地选择最适合企业需求的模型。同时，工具还提供结果导出功能，使决策者能够将挖掘结果以多种格式保存，以方便进一步的分析和共享。

（二）实时挖掘与业务决策的关联

实时挖掘技术的应用对于支持科技信息资源管理中的业务决策具有重要的影响。

1.业务决策的时效性

实时挖掘技术在业务决策中的应用具有显著的时效性，尤其在科技领域，科技信息资源的管理需要不断跟进最新的技术和研究动态。实时挖掘技术通过提供更及时的数据分析和挖掘结果，为决策者提供了基于最新信息进行实时决策的机会，这对科技信息资源管理具有重要的意义。

实时挖掘技术通过实时监测和分析科技信息资源的变化，使决策者能够迅速获取最新的技术趋势、市场动态和竞争态势。在科技领域，技术的发展速度非常快，及时了解最新的科研成果、行业动态及市场需求变化对于科技信息资源管理者具有关键性意义。实时挖掘技术的应用使得决策者能够更早地感知到新兴技术、研究热点，从而更灵活地调整科技信息的采集、整理和分享策略。

实时挖掘技术有助于降低信息滞后性，减少决策者因为过时信息而做出的不准确或不及时的决策。通过实时监控科技信息资源，决策者可以更加敏锐地捕捉到信息的变化，避免因信息滞后而导致的误判和失误。这对于科技创新型企业或科研机构而言，能够帮助其更好地把握市场机遇，提前预见技术发展趋势，从而更有利于战略规划和资源调配。

2. 实时监控与预警

实时挖掘技术的应用成为建立科技信息资源监控系统的一项强有力的工具，该系统可以对科技信息资源的变化和关键指标进行实时监测，从而提高决策者对信息动态的敏感度。其中，实时监控与预警系统的建立成为一项重要的措施，旨在及时发现异常情况或突发事件，从而为决策者提供及时、准确的信息支持。

通过实时挖掘技术，监控系统能够对科技信息资源进行全方位、多维度的实时监测。这包括对科研成果、市场趋势、竞争动态等方面的信息进行持续监控，实时捕捉信息的变化。这使得决策者能够全面了解科技领域的最新发展，从而使其不仅关注组织的技术创新和研究进展，还能把握市场变化和竞争态势。

实时监控系统还能够通过设定预警规则，对监测到的信息进行智能分析，一旦发现异常情况或符合预警规则的事件，系统将自动触发预警机制。这种机制使决策者能够在问题发展到不可逆转的阶段之前获得及时通知，从而提高了其应对紧急状况的能力。例如，在科技创新中，一项重要专利的变更、竞争对手的战略调整等突发事件都可能对企业产生重大影响，实时预警能够使决策者迅速采取应对措施，以降低潜在风险。

第三节　科技信息资源的决策支持与应用

决策支持是科技信息资源的一个重要应用领域。对科技信息资源进行收集、整理和分析，可以为决策者提供全面、准确、及时的信息，从而帮助他们做出更明智的决策。

一、决策支持系统（DSS）

决策支持系统是一种集成了数据收集、处理、分析和决策辅助功能的信息系统。科技信息资源在 DSS 中的应用对于提高决策的准确性和质量具有关键作用。

（一）决策支持系统中科技信息资源的数据收集与整理

1. 数据源整合

数据源整合是科技信息资源管理中的重要环节，其旨在从多个科技信息资源中汇聚数据，其中包括科技文献数据库、专利数据库、科技新闻等。这一整合过程旨在为决策提供更全面的信息基础，使决策者能够更全面、准确地了解当前科技领域的动态和趋势。

科技文献数据库是一个包含了大量学术论文、研究成果的信息源，其中蕴含了丰富的学术知识和领域内的前沿动态。整合这一数据库的数据可以为决策者提供当前领域内的研究热点、学术观点等信息，从而帮助其更好地把握学术界的发展趋势。

专利数据库则涵盖了各个领域内的创新成果，包括专利申请、技术发明等。通过整合专利数据库的数据，决策者可以获取到不同领域的技术创新信息，了解到哪些领域存在技术突破，从而能够为企业的研发和创新提供有力的支持。

科技新闻则是反映科技领域最新进展和重要事件的重要来源。通过整合科技新闻的数据，决策者可以了解到科技产业的动态、市场趋势及关键企业的发展状况，从而为企业战略制定提供及时的参考依据。

在整合这些不同科技信息资源的数据时，需要考虑数据的质量、时效性及跨领域的关联性。组织应采用先进的数据整合技术和工具，如数据清洗、数据匹配、数据融合等方法，确保整合后的数据具有一致性和准确性。此外，还可以借助人工智能和机器学习等技术，对大规模的数据进行分析和挖掘，以发现隐藏在数据中的模式和规律。

2. 实时数据更新

实时数据更新是确保科技信息资源的实时性的关键步骤，其目的在于通过定期更新科技文献、新发表的研究成果等信息，使决策支持系统（DSS）能够基于最新的数据做出准确、及时的决策。这一实时性的要求对于科技领域的决策制定和业务运营至关重要。

科技信息资源的快速更新主要体现在科技文献数据库、专利数据库等领域。首先，科技文献数据库包含了大量学术论文、研究成果等信息，这些信息随着学术界的不断发展和研究的推进而更新。通过实时更新科技文献数据库，DSS 可以及时了解到领域内的最新研究进展、学术动态，从而为决策者提供了有力的支持。

其次，专利数据库记录了各个领域内的创新成果，包括新的技术发明和专利申请。通过实时更新专利数据库，DSS 可以把握到不同领域的技术创新情况，这能够帮助企业更好地了解市场趋势、竞争对手的技术水平，从而调整研发和创新战略。

在实现实时数据更新的过程中，采用先进的数据同步和数据更新技术是关键。利用自动化的数据同步工具，可以实现科技信息资源数据库与 DSS 之间的快速、准确的数据传递，从而确保 DSS 始终基于最新的数据进行分析和决策。

最后，实时数据更新也需要关注数据的质量。DSS 运用数据清洗、去重、纠错等手段，确保从科技信息资源中提取高质量的数据，从而避免了因数据错误或冗余导致的决策失误。

（二）决策支持系统中科技信息资源的数据分析与应用

1. 问题识别与目标制定

问题识别与目标制定是科技信息资源管理中的关键步骤，其重要性在于通过利用科技信息资源，帮助决策者深入了解当前科技状况，从而制定明确的目标和问题解决方案。这一过程为决策者提供了基础性的支持，使其能够在不确定的环境中做出明智的决策。

科技信息资源的广泛涵盖，包括科技文献、专利数据库、科技新闻等多个领域的信息，为问题识别和目标制定提供了多维度的数据支持。首先，通过科技文献的分析，决策者可以了解当前学术研究的前沿动态，掌握各领域内的关键问题和未解之谜。这有助于识别可能影响业务的科技难题，并为制定相应目标提供理论基础。

其次，专利数据库记录了各个领域内的技术创新，通过对专利信息的挖掘，决策者可以了解到最新的技术发展趋势、竞争对手的技术布局，从而为企业制定科技创新目标提供了参考。

同时，科技新闻是对外信息的重要来源，通过对科技新闻的跟踪，决策者可以了解到行业内的最新动态、政策变化等，这有助于其识别可能对企业业务产生影响的外部因素。

在问题识别过程中，关注技术、市场、政策等多个方面的信息，有助于全面了解当前科技环境，识别可能的挑战和机遇。决策者可以借助数据分析工具，对这些信息进行深入挖掘，以形成全面的问题认知。

目标制定是在问题识别的基础上，通过科技信息资源为决策者提供支持。制定明确的目标需要综合考虑行业趋势、市场需求、技术创新等多方面的信息。科技信息资源的有效利用可以帮助决策者设定切实可行的目标，并为未来的问题解决方案提供有力的支持。

2.选择方案评估

选择方案评估是科技信息资源管理中的关键环节，其通过分析科技文献、专利信息等多维度的数据，为不同决策方案提供全面的评估，包括技术可行性、市场潜力等方面的分析，以支持决策者做出合理的选择。

首先，对科技文献进行综合分析，可以评估各种技术方案的技术可行性。科技文献反映了学术界对于不同技术领域的研究进展和趋势，分析文献中的实验证明、创新点等信息，可以评估技术方案的实际可行性。决策者可以关注已有文献中的实验结果、技术难题的解决方案，从而选择具备较高技术可行性的方案。

其次，专利信息的分析有助于评估技术方案的创新性和竞争力。专利信息反映了企业在技术创新方面的投入和成果，通过分析专利的数量、质量及技术领域的覆盖情况，可以评估不同技术方案的创新水平。决策者可以关注与专利相关的技术指标，例如专利引用次数、专利家族的建立等，以选择具备较高创新性和竞争力的方案。

最后，市场潜力是选择方案评估的重要维度之一。分析市场调研数据、消费者需求及竞争格局，可以评估不同技术方案在市场上的潜在表现。决策者需要关注市场规模、增长趋势、竞争对手等因素，以选择更符合市场需求和趋势的方案。

综合科技文献和专利信息的分析及市场潜力的评估，决策者可以得到一个全面的评估结果方案。这种多维度的评估有助于降低决策风险，提高决策的科学性和准确性。决策者可以借助数据分析工具，深入挖掘和整合这些信息，以形成更为精准的评估模型。

在科技信息资源管理中，选择评估方案不仅是一个数据分析的过程，更是一个科学决策的支持环节。通过科技信息资源的综合利用，决策者能够更好地理解不同方案的优势和劣势，从而为企业的科技发展战略提供科学依据。

3.风险评估和预测

风险评估和未来趋势预测是科技信息资源管理中的重要环节，对科技文献、专利信息等的深度分析，可以为决策者提供全面的风险和机遇评估，这有助于更全面地了解决策可能面临的情况。

首先，风险评估是基于科技信息资源进行的关键步骤之一。通过对科技文献的综合分析，决策者可以识别潜在的技术、市场、法规等方面的风险。科技文献中常包含对于技术难题、竞争态势、市场趋势等方面的深入洞察，对这些信息的挖掘和分析，可以帮助决策者更好地了解项目或方案可能面临的风险，并迅速地制定相应的风险应对策略。

其次，未来趋势预测是科技信息资源管理中的另一个关键方面。通过对科技文献和专利信息中的创新动向、技术发展趋势等进行分析，决策者可以预测未来科技领域的发展方向。这种趋势预测有助于决策者在制订长期战略计划时更好地把握行业未来的发展趋势，提前布局和调整战略方向，以适应未来的竞争格局。

最后，在风险评估和未来趋势预测中，数据分析工具和技术的应用显得尤为关键。通过数据挖掘、机器学习等技术手段，决策者可以更加深入地挖掘科技信息资源中的有价值信息，从而为风险评估和趋势预测提供更为准确和可靠的支持。这种数据驱动的方法有助于决策者在面对不确定性时做出更为明智的决策。

二、数据驱动的决策

数据驱动的决策是科技信息资源管理中的一项重要实践，大数据和数据分析技术，为决策提供了更深入的洞察，使决策过程更加精准和有效。以下是数据驱动决策中常用的技术和应用：

（一）文本挖掘

1.数据挖掘关键词和主题

在科技信息资源管理中，文本挖掘技术的应用在提取关键词和主题方面发挥着重要作用。文本挖掘是一种通过自动或半自动的方式，从大规模文本数据中抽取有用信息的技术。在科技信息资源中，这一技术被广泛用于对文献、专利、学术论文等文本数据的深入挖掘，其从中提取关键词和主题，为决策者提供全面的信息支持。

文本挖掘通过分析大量科技文献，能够准确提取文献中的关键词。这些关键词代表了文献的核心概念和主题，有助于识别文献的主旨和研究方向。通过对关键词的提取和分析，决策者可以更好地了解当前领域的研究热点，把握前沿技术和发展趋势。

文本挖掘还能识别文献中的主题，即文本所讨论的中心议题或问题。对文本的语义分析和主题建模，可以揭示文献中隐藏的知识结构和研究主线。这为决策者提供了更深层次的理解，能够帮助其理清当前领域的学术思路和演进轨迹。

文本挖掘的关键词提取和主题识别有助于将大量的文本信息转化为具体、可视化的内容，使决策者能够更为准确地把握科技信息资源的内涵和特点。通过对这些关键词和主题的深入分析，决策者可以更有针对性地进行决策，并制定更科学合理的管理策略和发展方向。

2. 自动分类和聚类

文本挖掘技术在科技信息资源管理中的另一个重要应用领域是自动分类和聚类科技文献。这一技术通过对大量文本数据进行智能处理，能够将文献按照其内在的主题、关键词等特征进行自动分类和聚类，使信息更有序地呈现，从而为决策者提供更全面的视角。

自动分类使得海量的科技文献能够被迅速而准确地划分到不同的主题或领域。通过文本挖掘算法，系统可以自动识别文献中的关键词和主题，从而将其划分到相应的类别中。这有助于决策者更迅速地获取感兴趣领域的文献，提高信息检索效率，为科技信息资源的管理提供有力支持。

聚类技术将相似主题或关键词的文献进行集中显示，形成簇状结构。这有助于决策者更全面地了解某一主题下的研究动态、学术观点等。通过聚类，决策者能够在大量文献中发现相关性，发现不同研究间的联系，从而促进跨学科的知识融合。

自动分类和聚类的应用不仅提高了科技信息资源管理的效率，也使得决策者能够更加系统地理解科技文献的内在结构和关联关系。这为科技信息资源的深度挖掘和战略规划提供了新的视角，为科研决策提供了更为全面和准确的信息支持。

（二）机器学习应用

1. 预测模型建立

在科技信息资源管理中，建立预测模型是机器学习算法的一项重要应用，对科技文献、专利信息等进行训练和建模，可以为决策提供数据支持。这一过程涉及多个关键步骤，旨在通过算法的学习和模式识别，实现对未来市场需求、科技发展趋势等方面的准确预测。

首先，建立预测模型的第一步是选择适当的机器学习算法。常见的算法包括回归分析、决策树、支持向量机等，选择合适的算法取决于预测的具体任务和数据特征。这一选择过程需要综合考虑算法的适用性、性能和可解释性等因素，以确保建立的模型能够有效地预测目标变量。

其次，进行数据预处理是建立预测模型的关键步骤之一。这包括数据清洗、缺失值处理、特征选择等操作，以确保训练数据的质量和完整性。高质量的训练数据是建立准确、稳定模型的前提，因此在预处理阶段需对数据进行仔细处理。

再次，进行模型训练。通过将清洗和预处理后的数据输入到选定的机器学习算法中，模型开始分析数据的模式和关联规律。训练的目标是使模型能够对新的、未知的数据进行准确地预测。这一过程中，需要进行交叉验证等技术手段，以评估模型的性能和泛化能力。

最后，建立好的预测模型可以用于对未来事件进行预测。例如，基于科技文献和专利信息，可以预测某一领域的发展趋势；基于市场数据，可以预测产品的需求趋势。这些预测结果为决策者提供了有力的数据支持，有助于其更好地制定战略规划和决策方案。

2. 模式识别和规律发现

机器学习作为一种强大的工具，在科技信息资源管理中可用于模式识别和规律发现，为决策者发现大量数据中的有价值信息提供支持。这一应用涵盖多个方面，包括对数据的分析、模型的构建及发现隐藏在数据中的潜在模式和规律。

首先，机器学习可以通过对大量数据的分析，识别数据中的复杂模式。在科技信息资源中，这些数据可能涉及科技文献、专利信息、实验数据等多个方面。通过对这些数据进行分析，机器学习算法能够自动发现其中存在的关联性、趋势和规律，从而为决策者提供更深层次的洞察。

其次，机器学习可用于构建预测模型，从而实现对未来趋势的规律性发现。通过训练模型，机器学习算法可以识别不同因素之间的关系，帮助决策者预测未来事件的可能走向。这对于科技发展趋势、市场需求等方面的规律性发现具有重要意义。

最后，机器学习在发现异常模式和规律方面也具有优势。通过对数据的异常检测和离群值分析，机器学习可以帮助发现那些不符合正常模式的数据，从而揭示潜在的问题或新的发现。这对于及时发现科技领域的突破性创新或异常情况具有重要意义。

在实际应用中，数据可视化是机器学习中模式识别和规律发现的重要手段之一。通过将复杂的数据以图形化方式呈现，决策者能够更直观地理解数据中存在的模式和规律，这有助于更好地指导决策过程。

（三）数据可视化

1. 图形化数据呈现

数据可视化是科技信息资源管理中一种重要的技术手段，通过图形化方式呈现复杂的数据，决策者可以更好地理解数据背后的模式和关系。这一方法不仅提高了数据的可理解性，还为决策者提供了更直观、更全面的数据洞察。

在科技信息资源中，数据可视化的应用涵盖了多个方面，包括科技文献、专利信息、实验数据等。通过将这些数据以图表、图形等形式展现，决策者能够更容易地捕捉到数据中的关键信息，发现潜在的模式和规律。

一方面，数据可视化提供了对大量信息的整体把握。通过图表和图形的展示，决策者可以一目了然地了解科技信息资源中的数据结构、分布情况等。这有助于发现数据的总体趋势，为整体决策提供支持。

另一方面，数据可视化也有助于发现数据中的细节和关联性。通过交互式的可视化工具，决策者可以深入挖掘数据，发现其中的细微差异、特殊关联等。这种深度挖掘有助于更全面地理解数据，从而为决策提供更为详尽的信息。

数据可视化工具的选择也是关键的一环。不同类型的数据可能需要不同形式的图表或图形来展示，因此选择适当的可视化工具显得至关重要。常见的可视化工具包括折线图、柱状图、饼图等，以及更高级的交互式可视化平台。

2.提高决策效率

数据可视化作为一种有效的决策支持工具，为决策者提供了迅速获取信息、发现趋势的途径，从而提高了决策的效率和准确性。通过图形化数据呈现，决策者能够以更直观的方式理解信息资源中的模式和关系，这使得复杂的数据更易于理解。

首先，数据可视化使信息更加直观。通过图表、图形的展示，决策者无需深入研究庞大的数据集，就能够迅速把握关键信息。这种直观性使决策者能够在短时间内对信息资源有全面地了解，从而更好地做出决策。

其次，数据可视化有助于快速发现趋势。决策者可以通过观察图形中的变化趋势，发现潜在的规律和特征。这种对趋势的敏感性使决策者能够及时做出反应，从而更好地应对变化和挑战。

最后，数据可视化也提高了决策的灵活性。决策者可以通过交互式的可视化工具，根据不同需求进行数据的筛选、切片和探索。这种灵活性使决策者能够更全面地了解数据，从而更灵活地调整决策方向。

三、智能决策辅助

科技信息资源的智能处理和分析为决策者提供了精准的建议和推荐，极大地辅助了决策过程。

（一）人工智能技术在科技信息资源中的应用

1.自然语言处理（NLP）

自然语言处理（NLP）技术在科技文献管理中扮演着重要角色，通过处理文本信息，包括实体识别、关键词提取等，NLP为决策者提供了更迅速了解文献内容的手段。

首先，NLP技术的实体识别功能能够自动识别文本中的实体，包括人名、地名、组织机构等。在科技文献中，经常涉及各种实体信息，而NLP可以有效地将这些信息提取出来，使决策者更迅速地了解文献中涉及的关键人物、地点和组织。

其次，关键词提取是NLP技术的另一项重要功能。通过分析文本的语义和语境，NLP可以自动提取出文献中的关键词，帮助决策者更好地理解文献的核心主题和重要概念。这对于快速把握文献内容、进行信息检索和筛选具有显著的优势。

最后，NLP还能够进行情感分析，帮助决策者了解文献中作者的态度、观点等信息。情感分析有助于更深入地理解文献的立场，从而更全面地评估文献对决策的影响。

2.机器学习应用

机器学习算法在科技文献管理中的应用，尤其是推荐算法的运用，为决策者提供了个性化的文献推荐服务，这有助于决策者更高效地获取有价值的信息。

推荐算法的核心目标是通过分析用户的历史行为和兴趣，预测用户可能感兴趣的文献，并向其推荐相关内容。这一过程依赖于机器学习中的模型训练和预测机制，其使得推荐系统能够不断优化并适应用户的个性化需求。

首先，推荐算法通过对用户过去的文献浏览历史、下载记录等数据进行分析，建立用户兴趣模型。通过这一模型，系统能够理解用户的偏好、领域关注点等信息。

其次，机器学习算法利用建立的用户兴趣模型，对未浏览的文献进行预测，判断其与用户兴趣的相关性。这一预测过程是推荐算法的关键，涉及模型的训练和学习。

最后，推荐系统根据预测结果为用户生成个性化的文献推荐列表。这些推荐文献旨在满足用户的特定需求，提高其获取有价值信息的效率。

3.智能推断与建议

智能推断与建议是科技信息资源管理中一项重要的功能，系统对信息的智能处理，为决策者提供了深入思考和研究方向的建议。

首先，基于科技信息资源的智能处理系统可以通过分析大量文献和研究成果，识别某一领域的研究热点和趋势。这种智能推断基于对文献内容、引用关系等多维度信息的深度分析，使系统能够准确识别出当前领域的前沿问题和值得关注的方向。

其次，系统可以根据决策者的兴趣和偏好，为其量身定制个性化的研究建议。通过了解决策者的研究历史、发表论文、关注领域等信息，系统能够推断出其潜在的研究兴趣，为其提供符合个性需求的研究方向建议。

智能推断和建议的过程中，涉及自然语言处理（NLP）、数据挖掘、机器学习等技术的综合应用。NLP技术用于理解文献中的语义信息；数据挖掘用于发现文献之间的关联规律；机器学习则用于建立个性化推断和建议的模型。

最后，通过智能推断与建议，决策者可以更深入地了解当前研究领域的动态，把握前沿问题，同时系统为决策者提供的个性化建议也有助于拓宽研究视野，促进其向更具深度和创新性的研究方向的探索。

（二）智能决策辅助的应用场景

1.学术研究方向推荐

智能决策辅助技术在学术研究方向推荐方面具有重要作用，通过深度分析研究者的学术背景、发表论文、研究兴趣等信息，为其提供个性化的研究方向推荐，这有助于更好地选择和定位研究方向。

首先，系统可以通过对研究者过往的发表论文进行分析，识别其研究方向和专业领域。通过了解研究者的学术贡献和研究主题，系统能够推断出研究者的专业方向和兴趣爱好。

其次，结合机器学习算法，系统可以建立个性化推荐模型，该模型通过对研究者的学术历史和兴趣进行深度学习，可以精准地预测其潜在的研究方向。这种模型还可以通过分析大量学术数据，发现潜在的关联规律，从而为研究者提供符合其研究背景和偏好的研究方向建议。

最后，系统还可以利用自然语言处理（NLP）技术，对研究者的科研论文、项目申报等文本进行深度分析，挖掘出潜在的研究主题和关键词。这有助于更全面地了解研究者的学术面貌，为推荐更符合其研究方向的领域提供更为精准的建议。

通过智能决策辅助技术的学术研究方向推荐，研究者可以更加高效地选择适合自己发展的方向，提高研究的深度和广度。这种个性化的研究方向推荐方式不仅为研究者提供了更多的选择可能性，也有助于推动学术研究的创新和发展。

2.科技信息资源管理系统

智能科技信息资源管理系统的开发对于提升信息检索效率和用户体验具有重要意义。该系统的智能推荐功能能够根据用户需求，智能地推荐相关文献、专利等信息，从而为用户提供更加精准和个性化的信息服务。

首先，系统可以通过用户的检索历史、下载记录、浏览行为等数据进行深度学习，建立用户画像。通过对用户兴趣和需求的深度理解，系统能够预测用户可能感兴趣的领域和主题，从而提高推荐的准确性。这种个性化的推荐模式有助于用户更快速地找到符合其需求的科技信息资源。

其次，系统采用自然语言处理（NLP）技术对文献、专利等信息进行深度分析，提取关键词、主题等信息。通过对文本内容的深层理解，系统可以识别出相关性更强的信息，从而为用户提供更有深度的推荐。NLP技术的应用能够提高系统对文献内容的理解和挖掘能力，从而提高推荐的质量。

最后，系统还可以结合机器学习算法，根据用户的反馈信息进行实时调整和优化推荐模型。通过不断学习用户的偏好和行为模式，系统能够不断提升推荐算法的精准度和适应性，为用户提供更加个性化的信息服务。

3.决策风险评估

利用智能系统进行科技信息资源的风险评估是一项关键的决策支持实践，旨在为决策者提供全面的信息，以有效降低决策风险。该智能系统通过综合考虑多方面因素，为决策者提供更深入的洞察，帮助其做出明智的决策。

首先，智能系统可以通过对科技信息资源的全面分析，识别潜在的风险因素。这包括对文献、专利、市场趋势等信息的深度挖掘，以及对相关法规和合规性要求的考量。系统能够自动识别信息中的关键风险因素，并为决策者提供详细的分析报告。

其次，系统可以运用数据挖掘和机器学习技术，对历史数据和趋势进行分析，预测未来可能的风险情景。通过建立预测模型，系统能够为决策者提供有关科技信息资源发展趋势和潜在风险的数据支持，以帮助其更好地规避可能的不确定性。

最后，智能系统还能够实现对科技信息资源管理中的安全性、合规性等方面的评估。通过自动化的安全审计和合规性检查，系统能够及时发现潜在的违规行为和信息泄露风险，从而为决策者提供即时的安全预警。

第七章　科技信息资源管理的实践案例

第一节　企业科技信息资源管理案例

科技信息资源在高新技术企业的运营和发展中扮演着关键角色，对于优化决策和推动创新发展具有重要意义。本节通过深入分析高新技术企业对科技信息资源的需求，以及案例研究科技信息服务的模式，全面系统地论述科技信息资源对创新型企业的重要性，旨在更好地支持科技创新。

一、科技创新型企业科技信息资源需求分析

随着信息化程度的提高和同行业竞争的加剧，高新技术企业在科技创新中对科技信息资源的需求越发显著。科技信息资源涵盖了前沿发展动态、技术信息、产品信息、竞争对手及市场信息、科技人才信息等多个方面。

（一）前沿发展动态

在科技创新的当今时代，企业对科技领域的前沿动态的关注至关重要。通过获取主题报告、行业报告等方式，企业能够全面把握行业和技术的发展趋势，这不仅有助于科学客观地评估科技成果，还能够有效判断创新方案的技术先进性与创新性。

科技领域的前沿动态包括但不限于行业内的最新科研成果、技术发展方向、新兴技术的涌现及相关政策法规的调整。企业通过定期获取主题报告和行业报告，可以及时了解这些关键信息，从而更好地指导自身的科技创新活动。

主题报告是对特定科技主题进行深入研究和全面分析的文献或报告。企业通过获取主题报告，能够深入了解特定领域的研究现状、前沿技术和未来发展趋势。这种深度的信息获取有助于企业在科技创新中选择更具前瞻性的方向，提高技术创新的成功率。

行业报告是对整个行业或特定领域进行研究和分析的综合性文献或报告。企业通过获取行业报告，可以全面了解整个行业的发展态势、竞争格局及未来的市场趋势。这种全局性的信息把握有助于企业在科技创新中更好地定位自己，把握市场机会，降低市场风险。

值得注意的是，企业在关注科技领域的前沿动态时，不仅仅要关注技术本身的发展，还需要结合相关的政策法规动态。科技创新往往受到政策环境的影响，了解和适应相关政策对企业的科技创新具有重要的指导作用。通过获取政策性的信息，企业能够更好地制定

科技创新策略，确保其活动与国家和行业政策的一致性。

（二）技术信息

1. 关键技术的跟踪与获取

在科技创新型企业中，技术信息是企业创新的核心支撑。企业需要持续跟踪并获取关键技术信息，以保持技术领先和市场竞争力。这些信息包括新兴技术的发展、现有技术的更新换代及技术应用领域的扩展。

首先，企业通过专利数据库、技术文献和学术会议等渠道获取最新的技术信息，了解当前技术的最新进展和未来发展方向。这些信息不仅有助于企业在技术研发过程中避免重复研究，还能启发创新思路，推动技术突破。

其次，科技信息服务应协助企业建立技术信息的获取与管理体系，确保技术信息的及时性和准确性。通过构建企业内部的技术信息库和定期技术报告机制，企业可以更系统地跟踪技术动向，并及时调整研发方向和策略。

2. 技术评估与选择

在获取技术信息的基础上，企业还需要对这些信息进行评估，以确定哪些技术具有商业化的潜力，并将其转化为实际的产品和服务。技术评估需要考虑技术的成熟度、可实施性、市场需求及与企业现有能力的匹配程度。

科技信息服务可以通过提供技术评估工具和方法，帮助企业更科学地评估技术的潜力，并做出明智的选择。通过对比分析不同技术的优劣，企业可以优化研发资源的分配，提高技术投资的回报率。

3. 技术转移与合作

在技术创新过程中，企业往往需要通过技术转移与合作来加快创新步伐。科技信息服务可以为企业提供有关技术转移与合作的最新信息，包括技术授权、技术合作伙伴及技术转让的市场趋势。

（三）产品信息

1. 数字化物理实验平台

数字化物理实验平台是一种为企业提供一体化实验测试与数值仿真的先进工具。这一平台将传统的物理实验与现代数字技术相结合，为企业提供更全面、准确的实验数据，并通过数值仿真进一步拓展实验结果的应用范围。

首先，数字化物理实验平台通过搭建数字化的实验环境，使得企业能够进行更加灵活、高效的实验测试。传感器、仪器设备等硬件数字化后，数据采集更为精准，实验参数的调整更为方便。企业可以根据具体需求在数字环境中进行各种物理实验，从而更全面地了解实验对象的性能、特性等方面的信息。

其次，数字化物理实验平台通过数值仿真技术，为企业提供了更多实验结果的可能性。数值仿真可以在数字环境中模拟各种复杂的物理场景，进一步扩展了实验的范围。通过对比实验测试和数值仿真结果，企业可以更全面地了解实验对象的行为，从而优化产品设计、改进工艺流程等。

最后，数字化物理实验平台还提供了数据分析和可视化的功能，帮助企业更好地理解实验数据。通过实验结果的可视化呈现，决策者可以直观地了解实验过程中的变化趋势、关键节点等信息，为决策提供直观的支持。

2. 产品改进信息

在企业的产品设计与开发过程中，获取产品改进信息是至关重要的环节。科技信息服务在这一方面的角色是为企业提供及时有效的信息支持，促使企业在技术创新上取得更大的成功。

首先，科技信息服务通过跟踪行业内最新的产品外观设计趋势，为企业提供有关产品外观改进的信息。了解市场上同类产品的外观特点，分析消费者的喜好和需求，这有助于企业设计出更具吸引力和竞争力的产品外观。这方面的信息包括设计元素、色彩搭配、材质选择等，它们为企业提供了宝贵的创新灵感。

其次，科技信息服务关注产品结构和部件级别的改进信息。通过分析相关技术文献、专利信息及行业报告，科技信息服务能够为企业提供有关产品结构优化和零部件更新换代的建议。这有助于企业改进产品的性能、耐久性和可维护性，提升整体产品质量。

最后，科技信息服务还能追踪相关技术领域的研究进展，为企业提供可能应用于产品改进的新技术信息。这包括新材料、新工艺、新技术等方面的创新信息，为企业提供了在产品开发中实现技术跨越的机会。

在信息提供方面，科技信息服务应当注重及时性和全面性，确保企业获取最新、最全面的产品改进信息。此外，服务还可以通过定期的技术研讨会、培训课程等方式，帮助企业的研发团队保持对最新技术的了解，提高团队的技术创新水平。

（四）竞争对手及市场信息

1. 竞争对手信息

深入了解竞争对手的产品定位、技术特征和特点等信息，有助于企业在市场中找到自身的定位，打造独特的产品特色，增强竞争优势。

2. 市场信息

了解市场的销售情况、消费者特点、销售渠道与技术等方面的信息，对企业确定技术产品是否适应市场、是否得到消费者认可具有重要意义。

（五）科技人才信息

1. 人才驱动的科技创新

人才是科技创新的本质，科技信息服务需要关注人才的培养、引进和合理利用，以推动企业的创新发展。

2.科技信息服务人才

作为科技信息服务业发展的重要资源，科技信息服务人才要适应现代科技信息产业的需要，具备良好的技术能力、服务态度和学术道德，以保障科技信息服务工作的高效开展。

二、科技信息服务模式

（一）线上服务模式

随着数字化、网络化和多媒体化等信息形式的迅速增长，传统的科技信息服务模式已经难以适应当今信息资源格局的变化。在这一背景下，基于网络技术的线上服务模式正成为主流趋势。这种模式以其便捷性和高效性为特点，为信息需求者提供了快速、方便的服务。线上服务模式通过利用互联网和相关技术，将科技信息服务的各个环节搬上线，使用户能够在任何时间、任何地点获取所需信息。与传统的线下服务相比，线上服务摆脱了时空的限制，极大地提高了服务的可及性。用户只需通过电脑、平板或手机等设备连接网络，即可享受到来自全球范围内的科技信息服务。

1.网络服务平台

（1）政府门户网站

随着国内电子政务发展的深入，加快政府职能转变，充分体现"为民办好事，办实事"的宗旨，各省市建设了专门的门户网站，逐步构建起信息时代的"网上政务门户"。例如，充分发挥互联网的优势，科技信息网站首页通过设置创新动态、科技服务、政策文件、前沿技术、在线办事、在线公告、通知公告等栏目，更好为科技创新服务，扩展其对外宣传、政务公开、咨询服务、网上办事等主要功能，提升科技信息服务的影响力，维护政府公信力。

（2）情报服务平台

在新的经济发展常态下，科技信息服务工作的优化成为当务之急，其需要摆脱传统科技资源服务模式的束缚，为创新创业主体提供更为全面、高效的信息咨询服务。为此，拓宽科技情报研究领域，为创新创业主体提供竞争情报服务显得尤为重要。以辽宁省为例，该地区积极推动科技创新资源的共享服务，通过建立科技创新资源共享服务平台和网上技术交易市场平台，为企业和创新者提供了丰富多样的服务。

辽宁省科技创新资源共享服务平台涵盖了多个服务板块，旨在为创新决策提供全方位支持。创新决策板块提供科技创新辅助决策、机构创新能力透视、地方特色产业分析报告、战略新兴产业报告等服务，使创新者在决策过程中能够更全面地了解科技创新的相关信息。服务中心板块包含原文传递、科技查新、参考咨询、自助充值、服务加盟共享、馆藏数据库等服务，方便用户获取所需信息。本地资源板块提供了维普、万方、医药期刊、知网、科技报告、CA、EI、Derwent、数控机床专题等多方面的资源，为用户提供了丰富的数据库和文献服务。特色资源板块进一步满足了用户不同领域的需求。

与此同时，辽宁省网上技术交易市场平台还搭建了专家信息数据库，记录了12000余名专家信息，以及企业技术需求数据库并录入了5000多家企业的信息。平台发布了3000余条各类成果及需求信息，为技术交易提供了数据基础。这使得科技创新型企业能够更加便捷地进行技术的转移，利用市场化的技术实现自身的发展目标。

（3）专业分析平台

随着产业日益细化和产品技术含量的不断提高，专业化的信息服务平台和产品实现仿真平台应运而生，为各行业提供更为专业、高效的信息支持和仿真工具。以中国数控机床技术领域情报服务平台为例，该平台以数控机床为服务主题，拥有行业性信息专题原文数据库，其中包含了国内外专利、期刊、论文、标准等文献的专题数据库和数据库检索系统。通过这个平台，用户能够迅速获取与数控机床相关的最新信息，助力其在科研和生产中做出明智的决策。

另一个例子是电动汽车技术预测与决策支持系统平台，该平台包括资源中心、决策研究、评估评价及技术预测等板块。以专利数据为主要驱动力，该平台为企业提供了全面的技术支持，有助于推动电动汽车技术的发展。通过资源中心，用户可以获取最新的技术资讯，而决策研究和评估评价板块则为企业提供了科学的决策依据。

北科智造众创平台致力于产品实现理念，该平台以云化的数字研发工具为特色，集成了多款国内外主流工业设计和仿真软件。同时，该平台还融入了各行业的先进知识和项目经验，为广大的产品研发设计师和仿真工程师提供了在线工具应用的专业 SaaS 平台。通过这一平台，用户能够更便捷地进行数字化研发，提高产品设计和仿真的效率。

2. 新媒体信息公众平台

结合移动互联网，拓宽科技信息服务模式的服务范围，以新媒体为平台延伸科技信息服务，将为科技信息事业的创新发展提供更广阔的空间。微信平台作为新媒体的一种典型代表，成为重要的科技信息服务载体。以着手科技微信公众号为起点，为创新企业提供更加便捷的服务，已经成为科技信息服务的一项重要举措。

例如，辽宁情报所致力于扩大科技情报服务网络覆盖面，并为创新创业主体提供信息推送服务。通过建立"辽宁省科技文献服务平台"微信公众号服务平台，为不同用户提供手机微信推送的文献需求服务，同时建立辽宁省科技系统微信公众号"科技辽宁"，加大科技宣传力度。这一举措不仅提升了科技信息的关注度，还拓宽了科技创新型企业的科技信息来源渠道，为创新企业提供了咨询与沟通交流的便捷平台。

微博平台也是另一种重要的新媒体渠道，它能够提高信息的传播速度、扩大信息的传播范围。通过在微博上及时发布科技工作通知通告、最新科技动态，全面推介科技大市场科技项目交易信息和重点推广项目，介绍市科技局相关科室职能和业务流程等内容，有效地提高了科技信息的曝光度。此外，微博平台还为科技创新型企业提供了一个更为广泛的宣传和交流平台，促进了科技信息的快速传播。

（二）线下服务模式

1. 调研报告

（1）政策评估与深度解析

在促进建设创新型国家的进程中，进行政策调研是至关重要的一环。首先，需要评估有关政策，了解其基本情况及实施效果。这包括对创新政策的全面评估，以确定其对科技创新的促进作用。同时，开展科技政策相关软科学课题调研，以深层次解析科技创新政策，形成政策申报服务指南和政策问答等研究成果，为创新企业提供详尽的政策信息，方便其享受相关优惠政策。

（2）产业调研报告

进行产业调研是为新创企业提供更全面的发展信息的重要手段。通过形成对特定产业的发展现状分析，以及提供产业发展建议和对策等科技调研报告，帮助企业清晰把握大体发展趋势。这有助于新创企业更好地定位自身在特定行业中的位置，制定切实可行的发展策略。

2. 现场咨询与培训

（1）技术成果展示与交流

不定期举办会展活动，对先进的技术成果进行展示，为创新企业提供新的技术方向和启发。这种线下活动能够使企业直接感受到行业内的创新动态，从而更好地调整自己的技术发展方向。

（2）专家讲座与交流会

举办专家讲座与交流会，提供信息交流与共享的平台，使企业有机会与行业专家深入交流。这有助于企业获取更深层次的行业洞察，解决实际问题，避免闭门造车，促使企业更好地适应市场变化。

（3）创业培训活动

在创业培训方面，可以通过举办现场培训活动提高创业者的心理、管理、经营等素质。例如，太原市的双创"万人培训"计划就为创业者提供了为期三天的培训。这种培训活动旨在增强创业者的市场竞争力和应变能力，从而更好地实现"大众创业、万众创新"的目标。

3. 线上线下联动服务模式

（1）信息搜集与整合

利用互联网和各种数据库，收集各渠道获取的信息，并通过适当的处理方法和技术进行整合提炼。建立一套完善、系统的情报体系，从中挖掘有利于科技创新型企业发展的情报，及早制定应对措施。这种综合性的信息服务能够为企业提供更全面的决策依据。

（2）创新培训模式

在创业培训方面，除了传统的现场培训活动外，可以采用"互联网+"创业培训新模式。通过互联网、信息化实训平台等载体，试点推广"慕课"等在线培训，实现大规模开展开放式在线培训。这种创新培训模式既方便企业获取知识，又加强了培训的灵活性和可扩展性。

（3）远程公益创业培训

加强远程公益创业培训，提升基层创业人员的创业能力。通过在线平台，企业可以获取专业指导，从而更好地应对创业中的挑战。这种模式有助于推动创新型企业在全国范围内的分布，促进创新资源的更均衡分配。

三、案例启示

创新作为引领发展的主要推动力，是建设现代化经济体系的关键支撑。通过以科技创新型企业的科技信息资源需求为基础的案例分析，我们可以深入了解当前主要的科技信息服务模式，系统地阐述科技信息资源在科技创新型企业发展中的应用，为我国各区域科技信息服务体系的建设与发展提供有益的借鉴和参考。这些案例启示未来科技信息服务模式将呈现出集平台搭建和服务共享、线上线下交互合作于一身的综合性信息服务体系。这一体系将架起科技信息机构与科技创新型企业之间的互动桥梁，进而促进科技创新与高新技术企业的快速发展。

案例分析聚焦于科技创新型企业，突显了科技信息资源对其发展的关键作用。当前主要的科技信息服务模式包括基于网络的线上服务模式、政府门户网站、情报服务平台、专业分析平台及新媒体信息公众平台等。这些服务模式为企业提供了多样化的科技信息支持，包括前沿发展动态、技术信息、竞争对手及市场信息、科技人才信息等。通过这些信息的获取和应用，科技创新型企业能更好地把握市场趋势、提升技术竞争力、加强与竞争对手的对比学习，从而更好地推动自身的创新发展。

未来的科技信息服务模式将呈现出更加综合、互动的特点。平台的搭建将成为重要趋势，不仅提供信息服务，还实现服务的共享。线上线下的交互合作将加强服务的全方位性，满足企业多样化的需求。这种综合性信息服务体系将为科技创新型企业和科技信息机构之间建立更紧密的互动关系，促进双方的共同发展。

总体而言，这一案例的启示在于深刻理解科技信息资源对科技创新型企业的战略价值，以及科技信息服务在其发展中的关键作用。随着科技信息服务模式的不断演进，我们需要保持对新型服务体系的敏感性，以更好地适应未来科技创新的发展需求，助推我国创新体系的全面升级。

第二节　政府科技信息资源管理案例

政府在科技信息资源管理中面临着独特的要求，其数据开放与透明度之间的平衡及公众参与政府科技信息资源管理的关系成为关注的焦点。

一、政府科技信息资源管理的特殊要求

（一）法规政策体系

政府科技信息资源的有效管理必须建立在完善的法规政策体系之上。由于科技信息资源的特殊性，政府在管理过程中需要明确的法规框架，以规范数据的收集、存储、共享和使用，确保科技信息的合法性和安全性。

首先，法规政策体系应明确数据收集的合法性和规范性。政府在进行科技信息资源管理时，需要依法获取相关数据，而法规政策体系应确保在数据收集阶段，相关部门遵循法定程序和规范，保障公民隐私权和数据主体的合法权益。这可能包括规定数据收集的目的、范围和方式，并明确数据主体的知情权和选择权。

其次，法规政策体系应明确数据存储的规范和安全要求。科技信息资源的存储涉及数据的长期保存和保护，因此需要明确的法规框架来规范数据的存储方式、期限和安全标准。这可能包括制定安全备份机制、加密要求、访问权限控制等方面的法规，以防止数据泄漏、丢失或被滥用。

再次，法规政策体系应明确数据共享的原则和条件。科技信息资源的共享有助于促进创新和资源优化利用，但也需要在法规框架下明确共享的原则和条件。这可能包括确定共享的目的、受益方、共享方式及法定的责任和义务。政府可以通过法规政策体系，推动各部门在信息共享中更好地协同合作，确保数据的合法合规流动。

最后，法规政策体系应明确数据使用的限制和义务。政府在制定法规政策时，需要考虑科技信息资源的合理使用，以防止滥用和侵犯他人权益。这可能包括规定数据使用的目的、范围、时限，以及相关的法定责任和义务。通过法规政策体系的规范，政府可以促使科技信息资源的有效利用，并防范潜在的法律纠纷。

（二）数据标准与互操作性

科技信息跨越多个领域，为了实现资源的高效管理，政府需要构建统一的数据标准和互操作性框架。这一举措旨在促进不同部门之间的信息交流与整合，从而提高科技信息资源的质量和利用效率。

建立统一的数据标准是实现科技信息资源互操作性的关键。由于涉及多个领域和多种数据类型，各个部门往往采用不同的数据标准，导致信息孤岛和难以整合的问题。通过制

定并实施统一的数据标准,政府可以确保不同部门采用相同的数据格式、命名规范和元数据定义,从而提高了数据的一致性和可比性。这有助于消除信息壁垒,使得科技信息资源能够更加流畅地在不同部门之间进行交流和共享。

互操作性框架的建立是确保科技信息资源高效利用的保障。互操作性框架旨在使不同系统和应用程序能够有效地协同工作,实现数据的共享和交互。通过引入开放的标准和协议,政府可以建立统一的数据接口和集成机制,从而使得科技信息资源在不同系统之间能够无缝连接。这有助于提高资源的可访问性和可用性,使得政府在决策制定、服务提供等方面更加灵活和高效。

在建立统一数据标准和互操作性框架的过程中,政府需要借鉴国际先进经验,并充分考虑本国的实际情况。制定和实施这样的框架需要政府层面的战略规划和资源投入,以确保标准的制定和推广的顺利进行。同时,政府还需要积极引导和推动各部门的配合,推动标准的贯彻执行和互操作性框架的全面实施。

(三)安全保障机制

政府科技信息资源的管理必须建立在健全的安全保障机制之上,以有效防范非法侵扰、确保数据安全,尤其是在保护国家科技核心机密方面。这一安全保障机制应综合运用技术手段和规范管理机制,涵盖数据加密、访问权限控制等多方面内容,并包括定期的人员培训,以确保科技信息资源的完整性、保密性和可用性。

首先,技术手段在安全保障机制中起着关键作用。数据加密是其中的重要环节,通过对敏感数据进行加密处理,可以有效防止非法访问和资源泄露的风险。政府科技信息资源管理者需要采用先进的加密算法,确保数据在存储、传输和处理的各个环节都能够得到充分的保护。此外,访问权限控制也是重要的技术手段,通过设定严格的权限规则,系统限制对科技信息资源的访问,确保只有经过授权的人员能够获取相应的信息。

其次,规范管理是安全保障机制的基础。政府需要建立明确的科技信息资源安全管理政策,明确各个环节的责任和义务,规范信息资源的采集、存储、处理和共享流程。此外,建立完善的安全审计机制,定期对科技信息资源的安全性进行评估和审查,及时发现潜在的风险并加以解决。这需要政府部门建立健全的内部管理体系,加强对信息资源管理者的培训,以确保其具备足够的安全防护意识和应对能力。

最后,人员培训是安全保障机制不可或缺的一环。政府应定期组织相关人员参与信息安全培训,提高其对信息安全的认识,使其掌握最新的安全管理知识和技能。培训内容应涵盖信息安全政策、技术手段的使用、风险防范等方面,以确保管理人员在实际操作中能够正确有效地应对各类安全挑战。

(四)创新激励措施

为鼓励科技信息资源的创新利用,政府可以制定一系列创新激励措施,旨在推动科技信息资源的开发和应用,促进科技创新。这些激励措施包括奖励机制、创新基金等多方面的政策举措，以激发企业和研究机构在科技信息领域的创新活力。

首先，奖励机制是推动科技信息资源创新的有效手段。政府可以设立科技信息创新奖励计划，针对在科技信息资源管理、开发和应用方面取得重要成果的企业和个人进行奖励。这些奖励可以包括荣誉称号、奖金、项目支持等多种形式，以激发科技从业者的积极性和创造力。此外，设立行业奖项，如最佳科技信息应用奖、最佳科研团队奖等，这些也能够引导不同领域的科技信息创新。

其次，创新基金的设立可以为科技信息资源的创新提供资金支持。政府可以设立专门的科技信息创新基金，用于支持相关项目的研发、试验和推广。这样的基金可以通过拨款、竞赛评选等方式向有潜力和有创新性的科技信息项目提供财政支持，帮助其顺利进行研究和实施。这不仅有助于解决创新项目在初期阶段的资金难题，还能够促使企业和机构更加积极地投入科技信息资源的创新领域。

最后，为了鼓励科技信息资源的开放共享，政府还可以推动建立开放数据平台，并设立相应的奖励机制。鼓励企业和研究机构在遵循相关法规的前提下，将其拥有的科技信息资源通过开放数据平台共享出来，从而促进更广泛的资源利用和创新合作。政府可以通过奖励那些在开放数据平台上取得显著成果的个人或组织，鼓励更多主体参与到开放共享的行列中来。

二、政府数据开放与透明度的平衡

（一）数据开放原则

在科技信息资源管理中，政府在追求数据开放的同时，必须谨慎权衡数据开放与保密之间的关系。为此，制定明确的数据开放原则显得至关重要。这些原则旨在在确保信息资源对外开放的同时，维护国家安全和企业机密，合理区分不同层次和类型的信息，以实现数据开放的平衡与可持续发展。

首先，数据开放原则应明确信息分类和层次。政府需要将科技信息资源划分为不同的分类，包括但不限于公共信息、行政信息、科研信息等。同时，对于这些信息，应根据其敏感性和重要性划定层次，以确保在开放过程中对国家核心利益和企业机密的保护。

其次，原则中需要规定对外开放信息的条件和标准。政府在确定数据开放的范围时，应设立明确的条件和标准。这可能包括信息的公共性、非敏感性、不侵犯他人权益等方面的要求，以确保对外开放的信息不损害社会和公众利益，同时保障数据开放的合法性和安全性。

再次，政府需要设定信息开放的方式和途径。制定明确的信息开放方式，包括开放平台、数据接口、开放 API 等，以确保信息能够方便、高效地被外部利用。同时，规定信息开放的途径，例如通过政府官方网站、开放数据平台等进行，以提高信息资源的可访问性和可用性。

复次，数据开放原则还应考虑信息更新和维护的机制。政府在开放数据的同时，需要确保及时更新数据，保持信息的准确性和有效性。同时，建立信息维护的机制，对信息资源进行动态管理和监控，以适应科技发展的变化和不断增长的信息需求。

最后，政府应明确违规行为的法律责任和处罚机制。为防范信息泄露和滥用，政府需要规定违反数据开放原则的法律责任和相应处罚。这有助于确保信息开放的合法性和安全性，从而有效维护国家安全和保守企业机密。

（二）透明度与公众监督

在政府进行科技信息资源管理时，数据开放不仅仅涉及对外提供数据，还需要建立透明度机制，将科技信息资源的利用情况公之于众。这可以通过建立信息公开平台，提供政府决策和科技项目的详细信息来实现，同时还能增强公众对政府行为的监督。透明度与公众监督的有效实现对于建设开放、负责任的科技信息管理体系至关重要。

首先，政府可以通过信息公开平台提供政府决策的详细信息。这包括政府的科技政策、战略规划、决策依据等方面的内容。通过在信息公开平台上公布这些信息，政府能够使公众更全面地了解政府的决策过程，提高政府行为的透明度。公众可以通过这些信息了解政府的决策动机、制定的科技政策方向等，从而更好地参与到科技发展中来，以促进科技决策的公正性和科技政策的科学性。

其次，政府在信息公开平台上提供科技项目的详细信息，包括项目的立项依据、预算情况、实施进展、成果展示等。这有助于公众深入了解政府资金的使用情况，监督科技项目的进展和成果。通过及时公开项目信息，政府可以接受公众的监督，提高项目的透明度和公信力。公众的参与和监督有助于政府减少不当行为，从而推动科技项目的顺利实施，并增强科技创新的社会共识。

最后，政府还可以通过信息公开平台提供科技信息资源的利用状况和效果评估等方面的信息。这包括科技成果的转化应用情况、科技信息资源的利用效果等。通过公布这些信息，政府向公众展示科技信息资源的实际贡献和社会效益，接受公众的评价和建议，实现对科技信息资源管理的全面监督。

（三）隐私保护

在数据开放的过程中，政府必须高度重视个人隐私的保护，以确保科技信息资源的合法使用和维护公众对数据安全的信任。为此，需要制定相关法规，规范科技信息资源中个人隐私数据的处理和使用。

首先，政府应该制定明确的隐私保护法规和政策。这些法规应明确规定科技信息资源中的个人隐私数据的定义、范围和分类，以及数据的采集、处理、存储和共享等方面的规范。法规还应规定相关的法律责任和处罚机制，以强化对隐私泄露和滥用行为的打击，提高管理者和相关机构的隐私保护意识。

其次，政府应鼓励和支持科技信息资源管理者采用隐私保护技术和安全措施。这包括数据加密、身份验证、访问控制等技术手段，以确保个人隐私数据在采集、存储和传输过程中得到有效保护。政府可以通过制定相关政策和提供技术支持，推动科技信息资源管理者建立健全的隐私保护体系，降低隐私数据被非法获取和滥用的风险。

再次，政府需要建立个人隐私权的维护机制。这包括设立独立的隐私保护机构或专门部门，负责监督和维护个人隐私权的实施。公众可以通过这一机构投诉、举报违法行为，让个人隐私权在科技信息资源管理中得到有效保障。

复次，政府还应鼓励科技信息资源管理者主动进行隐私风险评估，制定隐私保护策略。在科技信息资源的规划、设计、采集和整合过程中，管理者需要充分考虑隐私保护的要求，采取措施降低隐私泄露的风险。这可以通过匿名化处理、数据脱敏等手段来保障数据安全，从而增强公众对数据开放的信任。

最后，政府还应加强隐私保护意识的宣传和教育。通过广泛宣传隐私保护的法规和政策，提高公众对个人隐私权的认识，增强隐私保护的自觉性。政府可以通过开展培训、宣传活动等形式，提高科技信息资源管理者和公众对隐私保护的认知水平，从而促进科技信息资源管理的可持续发展。

三、公众参与与政府科技信息资源管理的关系

（一）公众参与机制

为促进政府与公众之间的有效沟通和确保科技信息资源管理政策的制定更加民主和合理，政府应该建立公众参与的机制。在科技信息资源管理政策的制定过程中，充分听取公众的意见是至关重要的。为实现这一目标，可以通过公民论坛、咨询会议等多种形式来推动公众参与。

首先，政府可以设立公众参与的平台，例如开设专门的在线论坛或社交媒体账号，以便公众随时随地能够提出建议、意见和反馈。这样的平台可以成为政府与公众之间互动的桥梁，以实现实时沟通，从而确保政府能够及时了解公众的需求。

其次，政府可以组织定期的公民论坛或咨询会议，邀请专业人士、学者、行业代表及普通市民参与，就科技信息资源管理政策展开深入的讨论。这样的会议不仅为公众提供了一个表达意见的平台，还能够汇聚各界的智慧和建议，为政府决策提供更为全面和多元的参考。

再次，政府还可以借助调查问卷、公众听证会等方式，深入了解公众的态度、看法和期望。通过广泛征集公众的意见，政府能够更全面地考虑各方面的因素，以提高政策的科学性和合理性。

在建立公众参与机制的同时，政府需要确保参与过程的透明度和公正性。公众应当清楚了解他们的意见将如何被纳入政策制定的过程中，以及政府将如何回应公众的建议。这种透明度有助于建立公众对政府行为的信任，提高公众对公共事务决策过程的认可度。

最后，政府需要倡导科技信息资源管理中的民主治理理念，鼓励公众参与不仅仅局限于政策制定过程，还包括政策的执行和监督。通过建立良好的公众参与机制，政府能够更

好地倾听公众的声音，凝聚共识，推动科技信息资源管理政策更加科学、合理和符合社会期望地制定和实施。

（二）公众教育与培训

为促进公众更好地参与科技信息资源管理，政府应加强对公众的科技信息意识教育与培训，提高公众对科技信息资源的理解和利用水平。通过举办培训班、推广科技信息应用等方式，政府能够激发公众对科技信息的兴趣，增强其积极参与的意愿。

首先，政府可以组织面向不同层次和群体的科技信息资源教育培训班。这些培训班可以涵盖科技信息资源的基本概念、利用方法、管理技能等方面的内容。通过提供系统性的培训，政府能够帮助公众建立起对科技信息资源的整体认知，提高他们的科技信息素养，从而使他们更好地参与科技信息资源的管理和利用。

其次，政府可以利用多种媒体渠道，推广科技信息的应用案例和实践经验。通过举办科技信息资源利用的成功案例展示、科技信息的创新成果推荐等活动，政府可以向公众展示科技信息的实际应用价值，激发公众对科技信息的兴趣，从而引导他们更主动地参与到科技信息资源的管理和创新中。

再次，政府还可以通过在学校、社区等场所开展科技信息教育宣传活动，培养青少年和普通公众的科技信息素养。这包括组织科技信息竞赛、举办科技知识讲座、推广科技信息资源利用的好习惯等。通过将科技信息教育融入学校课程和社区活动，政府可以培养未来的科技信息专业人才，同时提升整个社会对科技信息的认知水平。

复次，政府还可以通过制定激励政策，鼓励企业和社会组织参与到科技信息资源的教育培训中。通过与企业合作举办科技信息培训班、设立奖学金，政府可以促使企业更加注重员工的科技信息素养提升，从而推动科技信息资源管理的专业化和社会化。

最后，政府在进行公众教育与培训时，需要注重开展定期评估和调查，以了解公众的需求和反馈。通过收集公众的意见和建议，政府能够及时调整和优化教育培训方案，以更好地满足公众的学习需求，从而提高科技信息资源管理的整体水平。

（三）反馈机制建设

在政府科技信息资源管理中，建立公众反馈机制是确保管理透明、公正的关键一环。通过建立投诉举报渠道，鼓励公众参与监督，政府可以及时纠正不当的信息管理行为，从而有效提升政府在科技信息资源管理中的透明度和公正性。

首先，政府可以设立多样化的反馈渠道，包括在线平台、热线电话、实体投诉信箱等，以方便公众随时随地提出反馈和投诉。这些渠道应当涵盖不同的主题，包括但不限于信息准确性、数据安全、服务质量等方面，以确保公众能够全面地表达对科技信息资源管理的关切和建议。

其次，政府需要建立健全的反馈处理机制，以确保每一条反馈都能够得到妥善处理。这包括建立专门的反馈处理团队，对收到的反馈进行分类、分析，并及时采取相应的措施。同时，还包括建立反馈跟踪机制，让公众能够了解其反馈所引起的变化和解决进展，增强政府与公众之间的信任和沟通。

再次，政府可以鼓励公众参与监督，设立奖励机制以激发社会各界对科技信息资源管理的关注。通过设立奖项，如"优秀监督员""公众监督先进单位"等，鼓励公众及社会组织积极参与监督，为科技信息资源管理提供更多有益的建议和意见。

最后，政府还可以借助社交媒体等互联网工具，开展信息公开和互动。建立政府与公众的在线互动平台，通过发布信息、回应热点问题、参与讨论等方式，促进政府与公众之间的即时互动，以提高信息透明度。

在建立公众反馈机制的过程中，政府需注重信息保护，确保公众的反馈信息得到妥善保密和处理。制定明确的隐私政策和法规，规范反馈信息的收集、存储和使用，保障公众的合法权益。

第三节　社会化科技信息资源管理案例

一、社会化媒体对科技信息资源管理的影响

（一）社会化媒体的兴起

1. 社会化媒体平台的多元化

社会化媒体平台的多元化标志着信息传播渠道的丰富和复杂性的提升。这一趋势涵盖了各种社交平台、博客及在线社区，为科技信息资源的传播和获取带来了更为广泛和直观的机会。随着不同社交媒体平台的兴起，用户可以通过多种方式参与和分享科技信息，这种多元化的平台选择为用户提供了更为便捷的科技信息获取机会。

在这一多元化的平台环境中，社交媒体成为信息传播的主要载体之一。用户可以通过诸如微信、微博等平台获取和分享最新的科技信息，与他人进行实时互动，形成信息传播的即时性和交互性。此外，博客平台还为个人或机构提供了展示专业知识和观点的空间，使得更多有深度的科技信息能够被呈现和传播。

在线社区是社会化媒体平台中的又一重要形式，它为用户提供了一个共同兴趣和话题讨论的空间。在这些社区中，科技爱好者和专业人士可以分享他们的见解、经验和最新发现，推动科技信息的深度交流。这种共同体的形成促进了科技信息资源在特定领域内的深度传播和讨论。

这种多元化的社会化媒体平台选择既为普通用户提供了更为直观和有趣的科技信息获取方式，也为专业人士和科研机构提供了更广泛的传播平台。这种丰富的选择不仅使科技信息更易被传播，也提升了科技信息在社会中的被接受程度。

2. 用户参与和内容生成

崛起的社会化媒体平台不仅是信息传播的工具，更是用户参与的重要舞台。通过博客、社交平台等途径，用户积极参与科技信息的生成，从而形成了一个更为庞大且多样化的信息网络。在这一背景下，科技信息资源的管理者需要深刻认识到用户参与的重要性，为用户提供更多的参与机会，以促使科技信息得以广泛产生。

社会化媒体平台的兴起推动了用户参与科技信息生成的全新模式。用户可以通过博客平台分享自己的科技观点、实验成果、创新想法等，这些个体性的贡献构成了社会化媒体平台上丰富的科技信息资源。社交平台如微信、微博等则提供了更加直接的信息分享和互动平台，用户通过点赞、评论、转发等方式积极参与到科技信息的传播过程中。

管理者在这一过程中扮演着引导和促进的角色。通过设立专门的科技社区、主题讨论区等，管理者可以引导用户围绕特定领域或话题展开深入的科技讨论。此外，举办科技分享会、线上研讨会等活动也是激发用户参与的有效手段，这些活动使得更多有深度的科技信息能够被用户共同创造和分享。

社会化媒体平台的用户参与不仅仅是信息传递的手段，更是一种社群共建的过程。用户之间通过互动和共享，形成了一个开放、多元的科技信息社区。管理者应当重视并善于引导这种用户参与，以推动科技信息资源的广泛生成和传播。

（二）信息传播速度与影响力

1. 实时更新与即时互动

社会化媒体平台的强调实时更新和即时互动的特性，为科技信息的传播提供了更加高效和迅速的途径。这种机制使得新科技成果、研究动态能够在极短的时间内通过这些平台传播到全球范围，推动了科技信息的实时传递。

实时更新是社会化媒体平台的重要特征之一。科技信息在这些平台上的发布几乎是即时的，科研成果、创新动态等在第一时间就能够被广大用户获取。这种及时性有助于科技信息的快速传播，使得全球范围内的用户都能够第一时间了解到最新的科技进展。对于科技创新型企业和科研机构而言，及时将最新成果发布在社会化媒体上，有助于提高曝光度，加强对外传播，促进科技成果的转化和应用。

然而，实时更新也带来了信息过载的问题。社会化媒体平台上信息的快速传播可能导致用户面临大量信息，难以筛选和获取真正有价值的科技信息。管理者需要思考如何在实时更新的同时，保持信息的准确性和可信度。这可能涉及建立专业审核团队，制定严格的信息发布标准，以及引入智能化技术来进行信息筛选和验证。

即时互动是社会化媒体平台另一个显著的特点。用户可以通过评论、点赞、转发等方式立即参与到科技信息的传播和互动中。这种直接的用户参与形式为科技信息的传播提供了更为广泛的参与机会。管理者可以通过监测用户互动行为了解用户需求，及时调整信息发布策略，以提升信息的传播效果。

2.虚假信息与验证机制

随着社会化媒体信息传播的加速,打击虚假信息的传播成为一项严重挑战。管理者在社会化媒体平台上需要积极应对虚假信息的问题,采取有效的验证机制,以确保科技信息的真实性和可信度。

虚假信息在社会媒体上的传播可能涉及科技成果的夸大、研究结果的误导,甚至包括虚构的科技创新事件。这种虚假信息不仅可能误导用户,还可能对科技创新生态系统和产业发展产生负面影响。为了解决这一问题,管理者首先需要建立专业的审核团队。这个团队应当具备相关领域的专业知识,能够对科技信息进行深入的专业审核,验证其真实性。定期对发布的科技信息进行审核,通过事实核实和专业评估,排除虚假信息,保障平台上信息的准确性。除了人工审核,管理者还可以借助技术手段建立验证机制。引入先进的技术,如人工智能和大数据分析,对科技信息进行自动化验证。通过算法识别虚假信息的模式,及时发现并移除不实内容。此外,可以采用区块链技术来确保信息的不可篡改性,从而提高信息的可信度。

在建立验证机制的同时,管理者还应该加强用户教育,提高用户对虚假信息的警惕性。通过推动科技信息的科普教育,用户能够更容易识别虚假信息,从而主动选择信任真实可靠的科技信息。管理者可以在平台上提供相关教育资源,指导用户如何判断信息真伪,从而形成用户和平台共同防范虚假信息的网络生态。

(三)用户参与和反馈

1.评论互动与信息改进

社会化媒体平台的崛起为用户提供了更多参与科技信息生成和传播的机会。用户通过评论、分享等方式积极参与,形成了庞大而多元的信息网络。管理者在这个过程中应充分利用用户的反馈,通过评论互动与信息改进,实现对信息质量和深度的有效提升。

社会化媒体的评论互动机制为用户提供了直接表达观点、提出建议的平台。用户通过评论可以对科技信息进行即时反馈,表达对内容的认同、质疑或补充。管理者应认真关注用户的评论,对于用户提出的问题或建议及时回应,建立起与用户之间的沟通渠道。通过主动参与评论互动,管理者可以更深入地了解用户需求,从而更有针对性地进行信息改进。

分享是社会化媒体上常见的行为,用户通过分享科技信息扩大了信息的传播范围。管理者可以通过监测用户分享行为,了解哪些信息受到用户青睐,进而调整内容策略,提高信息的曝光度。此外,分享行为还有助于形成用户社群,促使更多用户加入讨论和分享,从而进一步扩大科技信息的影响力。

对于用户提出的问题或质疑,管理者应当以开放的心态对待,将用户视为参与共建的重要伙伴。在信息改进方面,管理者可以结合用户反馈,优化科技信息的呈现方式,增加内容深度,提高信息的权威性和可信度。这需要管理者具备科技领域的专业知识,以更好地理解和回应用户的关切。

2.用户需求挖掘与个性化推荐

通过社会化媒体平台，管理者能够深入挖掘用户的需求，为用户提供更个性化的科技信息服务。通过对用户反馈的细致分析，以及借助数据分析和人工智能技术，管理者能够更精准地了解用户的兴趣和需求，进而实现个性化推荐的目标。

社会化媒体平台为用户提供了表达观点、兴趣和需求的平台，用户通过点赞、评论、分享等行为向管理者传递了大量的信息。管理者可以通过对这些用户行为的深入分析，挖掘出用户的偏好、关注点及对科技信息的需求。这种用户需求挖掘不仅包括对具体科技话题的兴趣，还可能涉及信息呈现形式、深度、专业性等方面的差异。

在进行用户需求挖掘的基础上，管理者可以借助先进的数据分析技术，通过对用户行为数据的整合和分析，构建用户画像，深入理解不同用户群体的特征和需求。通过这一步骤，管理者能够实现对用户兴趣的更为准确的把握，这为后续的个性化推荐提供了有力支持。

个性化推荐是通过算法和技术手段，根据用户的历史行为和兴趣，为其推荐符合个性化需求的科技信息。管理者可以利用人工智能技术，分析用户的浏览历史、点赞、评论等行为，预测用户的兴趣，从而实现对每个用户的个性化推荐。这种推荐不仅可以提高用户获取信息的效率，也能够提升用户体验，使用户更加满意和便利地使用社会化媒体平台获取科技信息。

二、用户生成内容与信息质量管理

（一）用户生成内容的特点

1.用户参与和信息多样性

社会化媒体平台中用户生成内容的开放性参与过程为科技信息的多样性提供了丰富的来源。用户通过博客、社交平台等途径分享个人观点、实验成果、技术见解等，形成了一个庞大而多元的科技信息网络。这种多样性是社会化媒体的优势，其丰富了科技信息的呈现方式，同时也为管理者带来了挑战。

用户生成的科技信息呈现了多样性的主题和领域。由于用户群体的广泛性，他们涵盖了不同行业、领域和兴趣爱好，因此所分享的科技信息涉及生活、工作、学术等多个方面。这使得社会化媒体平台成了一个综合性、跨领域的科技信息集散地，用户通过分享自身经验和见解，为科技信息的多样性贡献了丰富的内容。

多样性还体现在科技信息的表达形式和内容深度上。用户生成的内容可能包括文字、图片、视频等多种媒体形式，这些形成了多元化的信息呈现方式。此外，不同用户对于科技信息的关注点和深度也存在差异，有的着重于基础知识普及，有的专注于前沿技术研究，这使得用户能够从不同角度获取科技信息，提高了信息的丰富性和多样性。

2. 贡献者身份与专业度

用户生成的内容质量受到贡献者身份和专业度的显著影响。在社会化媒体平台上，不同贡献者可能具备不同的身份特征和专业水平，这直接影响了所分享科技信息的深度和可信度。管理者需要认识到这一点，并在信息管理过程中平衡不同贡献者的特点，以提高整体信息质量。

专业领域从业者在社会化媒体平台上的贡献通常更为专业深入。这些专业人士可能是科研机构的研究员、工业界的工程师或学术界的教授，他们在特定领域拥有深厚的专业知识和经验。因此，他们分享的科技信息往往具备更高的专业度和权威性。这种身份的贡献者能够提供更为深刻的技术见解、前沿研究成果及实际应用经验，他们对于广大用户获取高水平科技信息具有积极价值。

此外，一般用户的信息贡献可能偏向主观性和经验分享。这类用户可能是科技爱好者、初学者或普通工作者，其信息分享更注重个人观点、使用经验和实际操作。虽然这些信息在实用性和可理解性方面具有优势，但相对缺乏深度和系统性。管理者需要在鼓励用户参与的同时，注意引导和审核，以确保这类贡献者的信息能够为广大用户提供实用而可信的科技知识。

（二）信息真实性与可信度

1. 引入专业审核团队

为了确保用户生成的科技信息的真实性和可信度，科技信息资源管理者应考虑引入专业的审核团队。这个团队的建立旨在通过具备相关学科背景和经验的专业人士，对用户生成的科技内容进行深入审核，以确保信息的准确性、科学性和真实性。

首先，专业审核团队的成员应当具备相关学科的专业背景，包括但不限于工程技术、自然科学、医学等领域。这样的学科背景使得审核团队能够更好地理解和判断用户生成的科技信息的专业性和科学性。同时，他们还应该具备对科研方法、实验过程、数据分析等方面的专业知识，能够对科技信息的合理性和可信度进行全面评估。

其次，专业审核团队需要具备丰富的实践经验，特别是在相关领域有一定科研或工作经历的成员更能够深入理解用户生成内容背后的科学原理和技术细节。这样的经验使得审核团队能够更准确地判别信息是否符合科学规范，是否基于可靠的实验证据，并对技术性的内容进行深入解读。

为了确保审核团队的独立性和客观性，管理者还应当建立科学而严格的审核标准和流程。这包括对于实验设计、数据收集、实验结果的验证等方面的详细规定，以确保审核过程中不受主观因素的干扰。这使得审核结果更加可信。

最后，引入专业审核团队不仅有助于提高用户生成科技信息的质量，也有助于社会化媒体平台上的科技信息更好地服务于广大用户。通过建立专业的审核机制，管理者能够在信息管理中起到筛选、引导和优化的作用，从而为用户提供更加可靠、实用的科技知识。

2.建立真实性评估机制

为了更全面地确保科技信息的真实性，科技信息资源管理者应考虑建立真实性评估机制。这一机制的关键在于利用先进的技术手段，其中包括区块链技术，以确保信息的来源和修改历史可追溯，从而提高信息的可信度。

真实性评估机制可以借助区块链技术来建立信息的不可篡改性。区块链是一种分布式的、去中心化的数据库技术，信息存储在区块中，每个区块包含前一区块的哈希值，形成链式结构。一旦信息被记录在区块链上，就无法随意更改，每一次修改都会在整个网络中被验证和记录。这种特性使得科技信息的修改历史能够被追溯，确保了信息的真实性。

真实性评估机制还可以通过建立信任体系，对信息提供者进行身份验证。科技信息资源管理者可以引入身份认证、数字签名等技术手段，验证信息提供者的身份和权威性。这有助于过滤虚假信息，提高信息的可信度。

在建立真实性评估机制时，科技信息资源管理者还应明确信息的来源渠道，并采取相应措施确保信息的可追溯性。这包括但不限于建立信息来源的标准化和规范，记录信息的采集时间和地点等关键信息，以便用户在获取信息时了解其真实性。

（三）知识产权与隐私保护

1.制定知识产权保护策略

为了有效应对用户生成的科技信息涉及的知识产权问题，科技信息资源管理者应制定明确的知识产权保护策略。这一策略的核心在于明确信息使用的范围和方式，以保障信息生成者的合法权益。

首先，管理者可以通过建立知识产权声明和使用协议的方式明确信息的知识产权归属和使用规则。在用户生成科技信息时，管理者可以要求信息提供者进行知识产权声明，明确其对信息的知识产权情况，包括是否拥有专利、著作权等。同时，通过制定使用协议，规定信息使用的范围、用途、时限等，以确保信息在合法范围内得到利用。

其次，科技信息资源管理者还可以引入数字水印等技术手段，为信息添加可追溯的身份标识。通过嵌入数字水印，管理者可以追踪信息的使用情况，防范未经授权的复制和传播，从而保护知识产权的合法权益。

最后，建立专门的知识产权保护团队，负责监测和处理侵权行为，也是一项重要的保护策略。这个团队可以通过定期审查信息使用情况，及时发现侵权行为并采取法律手段维护知识产权。

在制定知识产权保护策略时，科技信息资源管理者还需密切关注法律法规的更新和变化，及时调整策略以适应新的法律环境。此外，加强与法律机构的合作，确保在知识产权纠纷中能够及时有效地维权。

2.强化隐私保护机制

为有效应对用户生成内容管理的重要方面，即隐私保护，科技信息资源管理者应建立强大的隐私保护机制。这一机制旨在通过采用多种手段,如数据加密和匿名化处理,确保用户在分享科技信息的过程中不受到不必要的侵犯。

首先,管理者可以采用先进的数据加密技术,对用户生成的科技信息进行加密处理。通过采用对称加密、非对称加密等方式,确保信息在传输和存储过程中得到充分保护,以防止未经授权的访问和窃取。这种加密手段可以有效降低用户信息泄露的风险,保障信息的安全性。

其次,匿名化处理也是一种强化隐私保护的有效手段。管理者可以在收集用户生成的科技信息时,剔除个人身份识别信息,以匿名或脱敏的方式呈现数据。这有助于降低用户在信息共享过程中的隐私担忧,提高用户对信息分享的信任度。

最后,科技信息资源管理者还应设立专门的隐私保护团队,负责监测和评估隐私保护措施的有效性。这个团队可以定期进行隐私风险评估,及时调整和升级隐私保护机制,以适应不断变化的隐私保护需求。

隐私保护机制的建立也需要符合相关法律法规的规定。管理者需了解和遵守《个人信息保护法》等相关法规,以确保隐私保护机制的合规性。加强与法律专业团队的协作,及时应对法规变化,这是建立有效隐私保护机制的重要一环。

三、社会化管理模式的创新与发展

(一)创新的管理策略

1. 引入人工智能技术

在社会化媒体的背景下,科技信息资源管理者应采用创新的管理策略,其中引入人工智能技术被认为是一项关键举措。通过建立智能化的信息筛选系统,管理者能够更加精准地过滤和分类用户生成的科技信息,从而提高信息的质量和可信度。

首先,引入人工智能技术可以有效解决信息过载的问题。社会化媒体平台上产生大量的科技信息,而用户在获取信息时可能面临过多的选择。通过使用自然语言处理、机器学习等人工智能技术,管理者可以设计智能算法,根据用户的兴趣和偏好,为其推荐个性化的科技信息,以提高信息的关联性和吸引力。

其次,人工智能技术的应用还能够有效应对虚假信息的传播。通过建立智能化的信息验证机制,利用机器学习算法对信息进行实时监测和分析,管理者可以及时发现并过滤掉虚假信息。这有助于提高用户对科技信息的信任度,维护信息的真实性和可信度。

最后,人工智能技术还可以加强对用户生成内容的审核和管理。通过自动化的审核流程,管理者能够更高效地处理大量用户生成的科技信息,以保障信息的及时性和准确性。这种方式既提高了管理效率,也降低了人工审核可能存在的主观性和疏漏性。

2. 建立社群监督机制

在社会化管理模式的框架下,建立有效的监督机制是保障科技信息的合法性和道德性的重要一环。为实现这一目标,科技信息资源管理者可以采取多层次的手段,其中引入社群监督机制被认为是一项关键策略,其旨在鼓励用户积极参与对信息的监测和评价,以形成一种自律的社区环境。

首先,社群监督机制需要建立在用户参与的基础上。管理者可以通过设立用户评价、投诉反馈等渠道,引导用户参与科技信息的监测和评价。通过用户的互动和反馈,社会化媒体平台能够及时了解用户对信息的态度和观点,这有助于管理者及时调整信息的呈现方式,改进信息的质量和深度。

其次,社群监督机制需要建立在信息共享和透明的基础上。管理者可以通过在社交平台、博客和在线社区设立信息分享的板块,鼓励用户分享科技信息并进行相互监督。这种开放的信息共享环境有助于形成多维度的监督,用户可以通过评论、分享等方式对信息的真实性提出疑问或提供反馈。

再次,社群监督机制还需引入专业的社区管理员。管理员可以制定社区规范,明确用户在社区中的行为准则,对于违规行为及时采取相应的处理措施,以保障社区的良好运作。这样的专业管理有助于提高社区监督的效果,防范不实信息和不当行为。

最后,社群监督机制的建立需要透明的信息流通和反馈机制。管理者应建立定期的反馈系统,及时向用户公布社区内发现的违规行为的处理结果,以保障社区运作的透明度。这有助于增强用户对社群监督机制的信任,提升信息的整体质量。

3.应用区块链技术确保信息不可篡改性

在社会化媒体环境中,为了解决信息篡改和虚假信息传播的问题,科技信息资源管理者可以采用创新的管理策略,其中引入区块链技术被认为是一项关键举措。区块链技术的特点在于其分布式、去中心化、不可篡改的本质,这使其成为保障信息真实性和可信度的理想选择。

首先,区块链技术的去中心化特性有助于减少单点故障。传统的中心化数据库容易受到黑客攻击或内部人员篡改的威胁,而区块链通过将数据分布在网络的各个节点上,实现了去中心化的管理,提高了信息的安全性。每个区块都包含前一区块的哈希值,使得一旦有人试图篡改某一区块的信息,就会导致整个链条的更改,从而变得不可行。

其次,区块链技术记录了每一笔交易或信息的来源和修改历史。每个区块都包含了前一区块的信息,通过哈希值链接,形成了一个不可逆转的链条。这使得用户可以追溯信息的来源,验证信息的真实性,从而增强了信息的可信度。

再次,区块链技术强调信息的透明性和公开性。每个节点都能够获取整个区块链的信息,这种透明性有助于用户对信息的监督和审核。用户可以通过验证区块链上的信息,确保其未被篡改,形成一种共识机制,进一步提高信息的可信度。

最后,区块链技术的应用还能够带来智能合约的机制。通过智能合约,可以在信息的生成、传播和使用过程中自动执行规定的条件,提高信息管理的效率和精确度。

（二）社会化合作与共建共享

1. 设立合作机制

在社会化管理模式的推动下，为促进用户参与共建共享科技信息资源，管理者应当设立合作机制，通过建立合作项目等形式，激发用户在特定领域内共同创造和分享科技信息，以构建一个开放、协作的信息共享平台。

首先，管理者可以有针对性地设立合作项目，围绕特定主题或领域展开合作。通过明确的合作方向和目标，鼓励用户在相关领域分享其专业知识、经验和见解。这有助于形成一个集众多用户智慧于一体的科技信息资源库，从而推动信息的多元化和深度化。

其次，建立合作机制需要注重激励措施，以吸引更多用户的积极参与。管理者可以设立奖励制度，对于在合作项目中做出突出贡献的用户给予认可和奖励，包括荣誉、实物奖品或其他激励手段。这有助于提高用户的参与积极性，推动合作机制的有效运行。

最后，建立开放的交流平台也是合作机制的重要组成部分。管理者可以设立在线社区或专门的合作平台，为用户提供交流、分享和合作的空间。这有助于促进用户之间的沟通与合作，形成更加紧密的社群，推动科技信息的共建共享。

在建立合作机制的过程中，管理者还需注重信息的质量管理。通过建立审核制度和质量评估机制，确保合作项目产生的科技信息具备一定的准确性和可信度。这有助于提升整体科技信息资源的质量水平。

2. 制定奖励制度

为激励用户积极参与共建，科技信息资源管理者应当制定奖励制度，通过设立科技信息贡献奖、优秀用户奖等奖项，鼓励用户分享高质量的科技信息，以推动社会化合作的深入发展。

首先，奖励制度应当具有明确的奖项设置，以确保激励目标的清晰性。科技信息贡献奖可以针对在特定领域或主题下做出杰出贡献的用户，以表彰其在信息分享和合作方面的突出表现。优秀用户奖可以倾向于在社区中表现卓越、积极参与合作的用户，从而激发更多用户的积极性。

其次，奖励制度需要设立公正公平的评选机制。科技信息资源管理者可以通过专家评审、用户投票等方式，对候选人或项目进行公正评估，以确保获奖者的真实水平和贡献得到认可。透明的评选机制有助于增加用户对奖励制度的信任度，从而提高用户的参与热情。

最后，奖励制度还应当考虑奖品的多样性和实用性。科技信息资源管理者可以为获奖者提供实物奖品、荣誉证书、免费服务或其他形式的激励，以满足用户多样化的需求和期望，增加奖励的吸引力。

在制定奖励制度时，管理者需注重奖励与贡献的对应关系。奖励应当与用户的贡献程度和质量挂钩，避免出现奖励过于随意或不成比例的情况，以保持奖励的公正性和合理性。

（三）智能化决策与预测

1. 大数据分析用户需求

在社会化管理模式中，科技信息资源管理者要能够充分利用大数据分析技术，通过深入了解用户行为来精准把握用户需求。大数据分析用户行为的过程涵盖了对用户在社会化媒体平台上的浏览、评论、分享等多维度数据进行收集、整理和分析，以获取关键信息并洞察用户的行为模式和偏好。

首先，大数据分析通过跟踪用户在社会化媒体平台上的浏览行为，可以收集用户对不同类型科技信息的点击率、停留时间等数据。这有助于管理者了解用户对于不同主题或领域的兴趣程度，从而为定制化信息推送提供有力支持。

其次，通过分析用户在社交平台上的评论行为，管理者可以获取用户对科技信息的评价、意见和建议。这不仅有助于了解用户对特定信息的态度，还为优化信息质量、满足用户需求提供了重要线索。

最后，大数据分析还可以关注用户的分享行为，包括分享的频率、分享的内容类型等。通过了解用户的分享偏好，管理者可以更好地把握信息传播的途径，提高信息的曝光度和影响力。

综合大数据分析的结果，管理者可以制定更加精准的信息推送策略。通过根据用户需求调整信息的内容、形式和推送时间，提高信息的个性化和针对性，从而提升用户体验和满意度。

2. 利用人工智能进行信息预测

在社会化管理模式中，应用人工智能技术进行信息预测成为一项引人注目的创新。通过建立智能化的预测系统，科技信息资源管理者可以实现对科技信息未来发展的提前洞察，从而能够为用户提供更具前瞻性的信息服务。

人工智能在信息预测中的应用首先体现在其对大数据的高效处理和分析能力上。庞大的社交媒体数据、用户行为数据及科技信息传播数据等形成了海量的信息资源，通过人工智能技术，管理者能够迅速识别潜在的热点话题、用户关注点和信息趋势。

其次，人工智能在模型训练和学习方面的优越性使得预测系统能够更加准确地捕捉到信息的变化趋势。通过对历史数据的深度学习和模式识别，预测系统能够不断优化其预测能力，从而更好地预测未来科技信息的热度和受欢迎程度。

最后，人工智能的自动化处理能力使得信息预测过程更加高效。预测系统可以自动收集、分析和处理各类信息，快速生成预测结果，为管理者提供决策支持。这种高效性有助于管理者更及时地把握科技信息的发展趋势，为用户提供及时、准确的信息服务。

通过应用人工智能进行信息预测，社会化管理模式能够更好地适应科技信息快速更新的特点，提供具备前瞻性和时效性的信息服务。管理者可以基于预测结果调整信息推送策略，以便更好地满足用户的需求，从而推动科技信息的更广泛传播。这一创新不仅提升了社会化管理模式的智能化水平，也为信息资源的有效利用和科技信息服务的优化提供了新的途径。

第八章 结论与展望

第一节 科技信息资源管理的总结与评价

一、关键理论与实践经验的总结

（一）科技信息资源分类的关键理论总结

在科技信息资源管理领域，科技信息资源的分类理论扮演着关键的角色，其为理解和有效管理这些丰富多样的资源提供了基础。分类理论不仅能够使我们系统地认知不同类型科技信息资源的特征，而且为其在不同应用场景下的灵活管理提供了理论指导。

首先，对于数据、文献、专利等不同类型的科技信息资源，系统分类的基本目的在于明确其内在的异同。通过对这些资源进行细致分类，我们可以更加清晰地了解它们的属性、特征及所包含的信息。例如，数据资源可能涉及结构化和非结构化数据；而文献则包括学术论文、报告、书籍等。这样的分类有助于建立全面的资源认知，为进一步的管理决策提供了基础。

其次，系统分类为不同类型科技信息资源的应用场景提供了指导。不同类型的资源在组织和社会中有各自独特的应用需求，而这些需求往往决定了资源在特定场景中的有效性。通过深入理解资源分类，管理者能够更加精准地匹配资源与特定应用场景，从而最大程度地发挥其潜在价值。例如，对于企业而言，数据资源的管理可能更注重业务智能和决策支持；而在学术研究领域，对文献资源的有效整合可能更有助于推动学科进展。

最后，对于不同类型科技信息资源的管理方法，分类理论为其提供了指导原则。管理方法的选择与制定需要根据资源的特性和需求进行差异化。例如，对于数据资源，管理方法可能包括数据采集、清洗、存储和分析等环节；而对于文献资源，则需要关注文献检索、知识管理和共享机制。分类理论为这些管理方法的制定提供了框架，它能够帮助管理者更好地规划资源的整个生命周期。

（二）科技信息资源生命周期管理的实践经验总结

科技信息资源的生命周期管理是科技信息管理领域中确保资源可持续利用的重要环节。在实际应用中，积累了丰富的生命周期管理经验，这些经验涵盖了资源的建设、维护、更新及合理淘汰等多个方面。我们深刻认识到，在不同阶段灵活应对是成功管理的关键，这不仅确保了用户的需求得到满足，也要求管理者具备敏锐的业务洞察力和灵活的资源调配能力。

首先，在科技信息资源生命周期的建设阶段，实践经验强调在资源设计和实施初期就考虑全生命周期的各方面因素。有效的规划和设计能够确保资源从一开始就具备良好的可扩展性和可维护性，以适应未来可能的变化。在资源建设阶段注重质量管理，可以减少后期管理的复杂性，确保资源具有长期可用性。

其次，维护阶段是生命周期管理中的一个重要环节。在资源的日常运营中，持续的维护工作是确保资源始终处于高效状态的关键。实践中发现，定期的监测、更新和性能优化是维护阶段的核心任务。建立健全的维护机制，可以提高资源的可靠性，降低因运营问题而引发的风险。

在资源更新阶段，实践经验强调了对新技术、新方法的敏感性。随着科技的迅速发展，及时将新技术应用到资源更新中，有助于提高资源的创新性和竞争力。同时，更新阶段也是对资源功能和性能进行提升的机会，实践中应注重平衡成本和效益，以确保资源更新的高效实施。

最后，资源的合理淘汰是生命周期管理中的一个必然环节。淘汰决策需要综合考虑资源的技术状况、业务需求和合规性等多方面因素。有效的淘汰策略能够避免资源陈旧化和不必要的维护成本，从而释放出更多资源以支持组织的战略目标。

（三）科技信息资源价值评估的关键指标总结

科技信息资源的价值评估在科技信息管理中处于至关重要的地位。为了有效地了解和量化这些资源的贡献，我们总结了科技信息资源价值评估的关键指标，以多个方面的评估来全面把握资源的价值。

首先，关键业务贡献是科技信息资源价值评估的核心之一。在评估过程中，我们强调了资源对核心业务目标的直接和间接贡献。这包括资源在支持业务流程、提高工作效率、创造收益等方面的实际影响。通过综合分析资源对业务流程的贡献，评估者可以更准确地了解资源在业务运营中的实际价值。

其次，创新潜力的评估在科技信息资源价值评估中同样至关重要。我们认识到科技信息资源的创新潜力对组织的长期竞争力和可持续发展具有重要影响。创新潜力的评估需要考虑资源的灵活性、可扩展性及其在未来技术发展方向中的适应性。通过深入挖掘资源所蕴含的创新价值，组织可以更好地把握市场机遇，提前应对未来挑战。

再次，市场竞争力的评估是科技信息资源价值评估的重要方面之一。在这个指标中，我们关注了资源在市场上的地位、影响力及对组织整体竞争力的贡献。这包括资源在业界的认可度、其对品牌价值的贡献及在市场对手中的差异化优势。通过全面考察资源的市场竞争力，评估者可以更好地指导组织在市场中的战略定位和资源配置。

最后，我们强调了综合多维度指标的重要性。科技信息资源的价值是一个复杂的系统，不能仅仅依赖于单一指标的评估。综合考虑业务贡献、创新潜力和市场竞争力等多个方面，制定灵活的评估体系，有助于更全面、客观地认知资源的真实价值。这种综合评估的方法使得管理者能够更准确地做出资源的投资和利用决策，从而实现资源的最大化价值。

二、面临的挑战与应对策略

（一）科技信息资源管理中的技术挑战

在科技信息资源管理领域，迎接快速发展的科技所带来的技术挑战是一项至关重要的任务。随着科技的不断更新换代，管理者在资源采集、整合、保护等方面面临着新的技术要求。我们深刻认识到为了迎接这一挑战，管理者必须在不断学习、更新技能的同时，建立起灵活的技术应对机制。

首先，资源采集是科技信息资源管理中的首要环节，也是技术挑战的核心之一。新技术的涌现使得数据的规模和种类呈指数级增长，而传统的采集方法可能显得力不从心。因此，管理者需要不断了解和应用最新的采集技术，包括自动化采集、数据挖掘和机器学习等方法，以确保对多样化、大规模数据的高效获取。

其次，资源整合在科技信息资源管理中同样面临着技术更新带来的挑战。随着信息来源的多元化和复杂性增加，有效地整合不同来源、不同格式的信息成为一项复杂的任务。新技术如云计算、大数据处理等为资源整合提供了更强大的支持，但也需要管理者不断学习和适应，以构建更加灵活、可扩展的整合系统。

最后，信息资源的保护是管理者面临的另一个技术挑战。随着信息技术的飞速发展，网络安全威胁不断增加，对隐私和数据安全的关切也日益加深。有效的资源保护需要不断更新的安全技术和策略，以及具备对新兴威胁的快速响应能力。管理者需要时刻关注最新的安全技术，建立全面的安全体系，以确保信息资源的完整性和可靠性。

为了迎接这些技术挑战，管理者不仅需要不断学习、更新技能，还需要建立灵活的技术应对机制。这包括构建强大的技术团队，与行业内的专业人才保持紧密合作，参与行业会议和培训，以便及时获取最新的技术信息。同时，管理者还需要建立灵活的技术战略和规划，以适应不断变化的科技环境。

在科技信息资源管理中，面对技术挑战是一项长期而持续的任务。通过不断学习、更新技能，并建立灵活的技术应对机制，管理者能够更好地应对快速发展的科技环境，以确保信息资源的有效管理和保护。这一过程不仅需要在技术层面上的不断创新，也需要对组织文化和战略的灵活调整，以适应未来科技的变革。

（二）信息安全与隐私保护的挑战与策略

随着信息化的深入，科技信息资源的保护成为科技信息管理中至关重要的议题。在这个背景下，我们深刻认识到信息安全与隐私保护所带来的挑战，并提出了一系列完善的战略，旨在确保科技信息资源的安全性和可控性。

信息安全与隐私保护在管理中所面临的挑战首先体现在不断演进的技术环境中。新的科技手段的引入，如人工智能、物联网和大数据分析等，使得信息系统更为复杂，然而这些新技术也带来了新的安全隐患。为了应对这一挑战，我们提出了强化信息安全策略的战略。这包括对安全技术的持续投入和升级，建立全面的网络安全架构，以及通过培训与意识提升，增强组织内部对安全风险的敏感性。

其次，隐私保护面临着信息采集、处理和共享的复杂性。随着大数据时代的来临，个人数据的广泛收集和应用成为常态，而这也增加了隐私泄露的潜在风险。为了解决这一问题，我们强调了建立隐私保护机制的战略。这涵盖了对个人数据的透明处理，明确合法合规的数据使用目的，以及建立有效的用户同意机制。通过这些措施，组织能够在信息管理中更好地平衡数据利用和用户隐私的关系。

最后，法律合规性管理是信息安全与隐私保护的另一关键挑战。随着全球范围内信息安全法规的不断出台，组织需要确保其信息管理活动符合国家和地区的法律要求。在应对这一挑战时，我们提出了建立完善的法律合规性管理战略。这包括对法规的敏感感知与跟踪，通过培训确保组织内部对法规的了解，以及建立合规性审计机制。这样的战略有助于确保组织在信息管理中不仅技术安全，同时也合法合规。

第二节　科技信息资源管理的未来发展趋势

一、科技发展对信息资源管理的影响

（一）人工智能在科技信息资源管理中的崭新应用

随着人工智能技术的不断发展，我们预见到其在科技信息资源管理中将迎来一系列崭新的应用。这一趋势将在多个层面带来前所未有的效率提升和创新机会，深刻影响着信息资源的整个生命周期。

首先，人工智能在信息采集方面展现了巨大的潜力。传统的信息采集往往依赖于人工操作，但人工智能技术的引入可以实现智能化的信息采集过程。通过自动化的机器学习算法，系统可以自动识别、提取和分类大量信息，从而加速信息的获取速度，并降低人工操作的工作负担。这不仅提高了信息采集的效率，也为资源管理提供了更加准确和全面的数据基础。

其次，人工智能在信息资源整合与分析方面发挥着关键作用。通过深度学习自然语言处理等技术，人工智能系统能够识别和理解不同来源、不同格式的信息，实现智能化的资源整合。在信息分析方面，人工智能可以进行更为复杂和深入的数据挖掘，挖掘出隐藏在大数据中的规律和趋势。这为科技信息资源的价值评估、创新潜力分析等提供了更为强大的工具和方法。

最后，在科技信息资源的生命周期管理中，人工智能还能够实现自动化的管理。例如，通过智能算法和自适应系统，可以实现资源的自动化规划与设计。在资源的开发与利用阶段，人工智能系统可以为决策提供更为智能化的支持，通过对大量数据的分析，辅助管理者能够做出更为明智的决策。而在资源的保护与安全阶段，人工智能技术也能够识别和应对不断变化的安全威胁，提高信息系统的安全性。

（二）区块链技术在信息资源共享中的推动作用

区块链技术的崛起为信息资源共享开辟了崭新的前景。其去中心化和不可篡改的特性使得区块链在打破传统信息资源共享瓶颈方面具有显著的推动作用，为实现更加安全、高效的资源交流与合作提供了全新的可能性。

首先，区块链技术通过去中心化的机制，消除了传统信息资源共享中的中介环节。传统模式中，信息资源交流往往需要经过中介机构，这不仅增加了交流成本，还存在信息篡改和滥用的潜在风险。而区块链的去中心化特性意味着信息资源可以直接由参与者之间进行点对点的交流，无需借助中介。这不仅减少了信息交流的复杂性，同时也提高了共享信息的实时性和准确性。

其次，区块链技术的不可篡改性为信息资源共享提供了高度的安全性。在传统共享模式下，信息的安全性和完整性容易受到攻击和篡改，尤其是在涉及多个参与者的合作项目中。区块链通过采用分布式的共识机制和密码学的加密算法，使得信息一旦被记录在区块链上，就难以被篡改。这为共享信息的真实性和可信度提供了强有力的保障，增强了共享参与者的信任感。

最后，在信息资源的生命周期管理中，区块链技术还可以提高资源的可追溯性。通过将信息资源的交流、修改、使用等操作都记录在区块链上，形成透明的、不可篡改的交易历史，参与者可以随时追溯资源的使用情况。这有助于防范潜在的信息滥用和侵权行为，提高了资源管理的透明度和责任性。

二、社会、经济因素对未来发展的影响

（一）社会需求引领科技信息资源管理发展

社会对信息资源的需求在不断演变，这不仅塑造了科技信息资源管理的发展方向，也对管理者在决策时提出了新的挑战。在这一演变的过程中，透明度、可持续性、社会责任感等因素逐渐成为决策的重要考量，使得科技信息资源管理需要更加紧密地贴近社会需求。

首先，透明度成为科技信息资源管理中不可忽视的因素。社会对信息的需求越来越强烈，希望能够更加清晰地了解信息的来源、流向和利用方式。透明度的提升不仅可以增加信息资源的可信度，还有助于建立公众对信息管理的信任。因此，科技信息资源管理者需要在决策中注重信息的透明度，确保信息的生成、采集、整合和利用过程对参与者和社会

大众都是可见的和可理解的。

其次，可持续性也成为科技信息资源管理的关键课题。社会对资源的不断需求需要管理者在决策时考虑资源的可持续性，避免过度开发和浪费。在信息资源的生命周期管理中，要注重资源的合理利用和循环利用，以确保信息资源的可持续发展。这需要在制定管理策略时考虑资源的耗竭和环境影响，寻求经济效益和环境友好的平衡点。

最后，社会责任感在科技信息资源管理中也愈发凸显。管理者需要认识到其决策和行为对社会产生的影响，因此要在管理实践中秉持社会责任感。这包括在信息资源的采集、整合和利用过程中考虑到社会的公平和公正，避免信息的滥用和偏向。同时，在信息安全和隐私保护方面，管理者也需要积极采取措施，以确保信息资源的管理符合社会伦理和法律规范。

（二）经济环境对科技信息资源的塑造作用

经济环境的不断变化直接塑造着科技信息资源的配置和利用方式。在这一动态的环境中，灵活调整管理策略成为关键，其能够确保科技信息资源的合理利用并适应新的经济格局。

首先，经济环境的波动会对科技信息资源的需求和供给产生直接影响。在经济繁荣时期，企业和组织对信息资源的需求通常会增加，因为信息在创新、市场竞争和决策制定中发挥着关键作用。相反，在经济衰退时，组织可能更加注重成本控制，对信息资源的需求可能会相对减少。因此，科技信息资源管理者需要根据经济环境的变化，灵活调整资源的采集、整合和利用策略，以更好地满足组织的实际需求。

其次，新的经济格局和业务模式的崛起将对科技信息资源的管理提出新的要求。随着数字经济、云计算、大数据等新型经济形态的兴起，科技信息资源管理需要更加注重数字化和智能化的发展方向。这包括采用先进的信息技术，强化数据分析和挖掘能力，以更好地支持组织在新经济环境中的业务创新和发展。管理者需要密切关注新技术的应用，及时调整管理策略，使科技信息资源在新的经济格局下能够充分发挥作用。

最后，全球化和国际化趋势也在塑造科技信息资源的全球配置和管理。在全球化的经济环境中，科技信息资源管理者需要处理跨国数据流动、国际合作与竞争等复杂问题。因此，管理者需要在信息资源采集、整合和共享方面加强国际合作，以确保信息资源的全球性配置能够为组织带来最大的经济效益。

参考文献

[1] 李荣, 刘彦君, 张小薇. 国外科技信息服务现状研究 [J]. 科技情报开发与经济, 2014, (1): 105-109.

[2] 毛秋红. 大数据背景下科技信息服务创新发展的思考 [J]. 科技经济导刊, 2016 (23): 155-156.

[3] 胡笑梅, 吴思函. "大众创业、万众创新"下产业信息服务模式研究 [J]. 情报科学, 2017 (12): 50-54.

[4] 段忠贤, 吴鹏. 科技资源配置效率影响因素组态与路径研究: 基于中国内地30个省市的QCA分析 [J]. 科技进步与对策, 2021 (22): 11-18.

[5] 张子珍, 杜甜, 于佳伟. 科技资源配置效率影响因素测度及其优化分析 [J]. 经济问题, 2020 (8): 20-27.

[6] 刘玲利. 中国科技资源配置效率变化及其影响因素分析: 1998—2005年 [J]. 科学学与科学技术管理, 2008 (7): 13-19.

[7] 何德旭, 姚战琪. 中国产业结构调整的效应、优化升级目标和政策措施 [J]. 中国工业经济, 2008 (5): 46-56.

[8] 王钺. 市场整合、资源有效配置与产业结构调整 [J]. 经济经纬, 2021 (6): 3-12.

[9] 王凯. 数字经济、资源配置与产业结构优化升级 [J]. 金融与经济, 2021 (4): 57-65.

[10] 王鹏, 郑靖宇. 科技服务效率对产业结构转型升级的影响及其空间外溢效应 [J]. 研究与发展管理, 2018, (2): 46-60.

[11] 刘细文. 中国科学院文献情报中心"十四五"发展思考: 基于数据、信息、知识与情报的规划框架设计 [J]. 数字图书馆论坛, 2021 (5): 12-16.

[12] 刘细文. 情报学范式变革与数据驱动型情报工作发展趋势 [J]. 图书情报工作, 2021, 65 (1): 4-11.

[13] 王洪波, 黄倩, 张鹤. 基于服务创新视角的科技文献共享平台建设研究: 以武汉科技信息共享服务平台为例 [J]. 中国科技资源导刊, 2017 (1): 38-41.

[14] 刘佳, 彭鹏, 黄雨微. 面向科技创新的科技信息服务生态链模型构建研究 [J]. 现代情报, 2019 (6): 32-37.

[15] 蒋劲松, 苗蕾, 刘甘明. 面向区域创新的科技信息服务模式研究 [J]. 企业技术开

发，2018（11）：110-113.

[16] 张婧，吴金红.数据策管语境下科技信息机构服务创新的四维模型[J].科技管理研究，2019（1）：190-196.

[17] 林志坚.助创新强服务争一流：浙江省科技信息研究院查新咨询中心争创"青年文明号"[J].今日科技，2018（12）：25.

[18] 王健，沈亮.协同创新理论视角下的科技信息服务体系的构建研究[J].科技资讯，2018（33）：10-11，13.

[19] 吴夏芝.大数据背景下科技信息服务创新发展的思考[J].科技经济导刊，2018（17）：203-204.